MARCO POLO

Schweiz

Reisen mit Insider Tipps

Diesen Führer schrieben Rainer Stiller und Christof Hegi. Die Aktualisierung besorgte Judith Stofer, die als Journalistin und Publizistin in Zürich arbeitet.

www.marcopolo.de

Infos zu den beliebtesten Reisezielen im Internet, siehe auch Seite 104

SYMBOLE

Insider Tipp **MARCO POLO INSIDER-TIPPS:**
Von unseren Autoren für Sie entdeckt

★ **MARCO POLO HIGHLIGHTS:**
Alles, was Sie in der Schweiz kennen sollten

HIER HABEN SIE EINE SCHÖNE AUSSICHT

WO SIE JUNGE LEUTE TREFFEN

PREISKATEGORIEN

Hotels		**Restaurants**	
€€€	über 200 Euro	€€€	über 40 Euro
€€	100–200 Euro	€€	20–40 Euro
€	unter 100 Euro	€	unter 20 Euro

Die Preise gelten, wenn nicht anders angegeben, für ein Doppelzimmer mit Frühstück.

Die Preise gelten für Vor- und Hauptspeise, Getränke sind darin nicht enthalten.

KARTEN

[118 A1] Seitenzahlen und Koordinaten für den Reiseatlas Schweiz

[U A1] Koordinaten für die Zürich-Karte im hinteren Umschlag

[0] außerhalb des Kartenausschnitts

Karten zu Basel, Lugano und Genf finden Sie auf S. 128/129, zu Bern, St. Gallen und Luzern auf S. 130/131

Zu Ihrer Orientierung sind auch die Orte mit Koordinaten versehen, die nicht im Reiseatlas eingetragen sind.

GUT ZU WISSEN

Mit Hellebarde und Säbel **10** · Schweizer Spezialitäten **20**
Die würzige Idee **37** · Vom Goms in die Welt **47**
Tells Geschoss **68** · Kleines zänkisches Bergvolk **82**

INHALT

Die wichtigsten MARCO POLO Highlights

Sehenswürdigkeiten, Orte und Erlebnisse, die Sie nicht verpassen sollten

1 **Filmfestival Locarno**
Sehen und gesehen werden auf der Piazza in Locarno. Stars, Sternchen und Bundesräte lassen sich hier gern blicken (Seite 25)

2 **La Chaux-de-Fonds**
Uhrenliebhaber dürfen das Mekka der schweizerischen Uhrmacherkunst nicht links liegen lassen (Seite 33)

3 **Eiger-Nordwand**
Die Wand, die schon viele Bergsteiger das Leben gekostet hat, lässt sich mit der Bahn gefahrlos durchqueren (Seite 35)

4 **Wasserschloss Chillon**
Eine der schönsten Burgen der Schweiz: am Genfer See mit Blick auf die Savoyer Alpen gelegen (Seite 46)

5 **Matterhorn**
Ein Berg von faszinierender Schönheit – vom Gornergrat hat man den schönsten Ausblick (Seite 46)

6 **Castello Montebello**
Die Burg in Bellinzona gehört zu den schönsten der Schweiz (Seite 54)

7 **Valle Onsernone**
Hier fühlt man sich in eine andere Welt versetzt. Auf schroffen Felsen kleben einsame Häuser (Seite 55)

Skipause auf dem Gornergrat bei Zermatt vor der Kulisse des Matterhorns

Rheinfall von Schaffhausen

Verkehrshaus Luzern

8 Via Mala
»Böser Weg« heißt die Schlucht zwischen Thusis und Zillis in Graubünden. Früher war der Weg gefährlich, heute ist er traumhaft schön (Seite 62)

9 Verkehrshaus Luzern
Technikfreaks dürfen das größte Verkehrsmuseum Europas nicht auslassen (Seite 64)

10 Rigi
Beliebter Wanderberg für Groß und Klein. Wer's gern bequem hat, kann mit der Zahnradbahn auf den Gipfel fahren (Seite 68)

11 Kronenhalle
Noch immer treffen sich Promis in der Kronenhalle in Zürich, um den eigenen Bekanntheitsgrad zu testen (Seite 79)

12 Aargauer Kunsthaus
Die umfassendste und wichtigste Sammlung neuerer Schweizer Kunst (Seite 82)

13 Stiftsbibliothek St. Gallen
Der Rokokosaal der St. Galler Klosterbibliothek ist atemberaubend – ein Genuss nicht nur für Bibliophile (Seite 84)

14 Rheinfall von Schaffhausen
Auf einer Breite von 150 m stürzt der Rhein in die Tiefe – beeindruckend besonders nach der Schneeschmelze (Seite 84)

15 Weg der Schweiz
Auf diesem Weg am Vierwaldstätter See lernen Sie das Land kennen (Seite 93)

★ Die Highlights sind in der Karte auf dem hinteren Umschlag eingetragen

Entdecken Sie die Schweiz!

Tun Sie das! Obwohl es die Schweiz, Schweizerinnen und Schweizer eigentlich gar nicht gibt

Wir sagen erst einmal artig »Hallo!« und kommen gleich mächtig in Schwierigkeiten. Es ist nämlich eine nicht aus der Welt zu schaffende Mär, dass alle Schweizer zur Begrüßung ein herzliches »Grüezi mitenand« in den Raum werfen. Ein für allemal: Sie tun es nicht! Sie sagen tschou und tschüss, ciao und hoi, sali, salü zämä – und wir sind mittendrin im Schlamassel! Denn auch im deutschsprachigen Teil der Schweiz wird nicht einfach Schweizerdeutsch gesprochen, sondern verschiedene Dialekte. Reisenden wird das Einpauken der Höflichkeitsformeln also nicht gerade leicht gemacht, aber wer die Ohren offen hält, kann sicher das eine oder andere Wort aufschnappen.

Der Schweizer Bundesstaat besteht aus 23 beziehungsweise 26 Kantonen – je nachdem, ob man die dreimal zwei Halbkantone als eigenständig ansieht oder nicht. Die Schweizer Kantone heißen in alphabetischer Reihenfolge: Aargau, Appenzell-Außerrhoden, Appenzell-Innerrhoden, Basel-Land, Basel-Stadt, Bern, Freiburg (Fribourg), Genf (Genève), Glarus, Graubünden, Jura, Luzern, Neuenburg (Neuchâtel), Nidwalden, Obwalden, Schaffhausen, Schwyz, Solothurn, St. Gallen, Tessin (Ticino), Thurgau, Uri, Waadt (Vaud), Wallis (Valais), Zürich und Zug. Die Kantone senden Vertreter in den so genannten Ständerat, der – vergleichbar dem Senat in den Vereinigten Staaten von Amerika – das Oberhaus des eidgenössischen Parlaments bildet. Die Volkskammer dieses Parlaments heißt Nationalrat. In ihn werden alle vier Jahre 200 Abgeordnete gemäß dem Einwohnerverhältnis der einzelnen Kantone gewählt. Eine politische Besonderheit, die in der Schweiz häufig genutzt wird, ist das Referendum. Der Volksentscheid beruht auf dem Gedanken, dass sämtliche Gesetze der Volksabstimmung zu unterbreiten

Ernen im Wallis: Auch im Sommer ist die Schweiz ein Erlebnis

Schmökern im Straßencafé

Geschichtstabelle

450 v. Chr. Die Helvetier, ein keltischer Stamm, wandern ins Gebiet der heutigen Schweiz ein

450 n. Chr. Die Alemannen besiedeln den größten Teil des Landes

1033/34 Unter König Konrad II. kommt Burgund und damit die gesamte heutige Schweiz zum Hl. Römischen Reich Deutscher Nation

1291 Die drei Waldstätte, wie die Schweizer Urkantone Uri, Schwyz und Unterwalden einst bezeichnet wurden, schließen sich zum »Ewigen Bund« zusammen

1315 Die Urkantone besiegen die Habsburger bei Morgarten und bekräftigen ihren Bund. In diesen »Ewigen Bund« traten in der Folge auch Luzern (1332), Zürich (1351), Glarus und Zug (1352) und Bern (1353) ein. Das Ergebnis ist die Eidgenossenschaft der »acht alten Orte«, die sich Schwyz nennt

1481 Fribourg und Solothurn treten der Eidgenossenschaft bei. Basel und Schaffhausen folgen 1501, schließlich Appenzell (1513)

Ab 1517 Als Folge der Reformation kommt es immer wieder zu glaubenskriegerischen Auseinandersetzungen. Am Ende steht bis heute eine Spaltung der Schweiz, was die Konfession angeht. Huldrych Zwingli betreibt seine Reformation in Zürich (1525) und fällt im Krieg gegen die siegreichen Katholiken (1531), die damit die Ausbreitung der Reformation in der deutschsprachigen Schweiz zum Stillstand bringen. Erfolgreich dagegen ist die Reformation von Jean Calvin in Genf und der Westschweiz (1541)

1648 Im Westfälischen Frieden am Ende des Dreißigjährigen Krieges wird die Unabhängigkeit der Eidgenossenschaft besiegelt

1798 Französische Revolutionäre erobern die Schweiz und gründen nach französischem Vorbild eine Helvetische Republik

1803 Die Mediationsakte gibt der Schweiz ihre Selbstständigkeit zurück; aus dem Einheitsstaat wird wieder ein Staatenbund

1815 Im Zweiten Pariser Frieden verpflichtet sich die Schweiz zu immerwährender Neutralität

1848 Aus dem Staatenbund wird ein Bundesstaat mit neuer Bundesverfassung

1971 Einführung des Frauenwahl- und Stimmrechts, außer im Kanton Appenzell-Innerrhoden

1993 Per Abstimmung wird der Beitritt der Schweiz zum Europäischen Wirtschaftsraum abgelehnt

2000 Start der bilateralen Verhandlungen Schweiz/EU

2002 Beitritt der Schweiz zur Uno

sind (»obligatorisches Referendum«) oder dass eine bestimmte Anzahl von Bürgerinnen und Bürgern einen solchen Volksentscheid über parlamentarisch beschlossene Gesetze verlangen kann (»fakultatives Referendum«).

Die beiden legislativen Kammern (Nationalrat und Ständerat) bilden gemeinsam die Bundesversammlung. Die Kammern tagen viermal jährlich getrennt. Gemeinsam kommen sie dagegen zur Wahl des Bundesrates, des Bundespräsidenten, des Bundesgerichts, zur Ausübung des Begnadigungsrechts und zur Entscheidung von Zuständigkeitsauseinandersetzungen zusammen. Der Bundesrat, in den die Bundesversammlung sieben Mitglieder auf vier Jahre bestimmt, ist das, was man in anderen Ländern die Regierung nennt. Der jährlich im Dezember alternierend aus dem Kreis der sieben Bundesräte gewählte Bundespräsident übernimmt für ein Jahr die Funktion eines Regierungschefs. Ein paar Zahlen zur Eidgenossenschaft, die italienisch *Svizzera,* lateinisch *Helvetia* und französisch *Suisse* heißt: Die Schweiz liegt im südlichen Mitteleuropa und umfasst ein Fläche von 41 000 km². Sie ist ein Gebirgsland, denn 60 Prozent ihres Territoriums entfallen auf die Alpen. Das Mittelland macht 30 Prozent der Fläche aus, weitere zehn Prozent zählt man zum Gebiet des Juras. 7,3 Mio. Menschen leben in der Schweiz, zwei Drittel davon in städtisch geprägten Gebieten. Die größten Städte sind Zürich (343 000 Ew.), Genf (180 000), Basel (170 000), Bern (127 000) und Lausanne (126 000). Knapp 4,1 Mio. Schweizer sind erwerbstätig. Nur noch 4,2 Prozent der Schwei-

» Hier wird Basisdemokratie ernst genommen «

Urban, großzügig, kosmopolitisch: Genf, Quai des Bergues

zer verdienen ihr Geld in oder mit der Landwirtschaft. Erwähnenswert ist dabei, dass bereits jeder zehnte Bauernbetrieb nach biologischen Kriterien wirtschaftet. 26 Prozent der Bevölkerung arbeiten in der Industrie, knapp 70 Prozent sind im Dienstleistungsbereich tätig. Eine wichtige Einnahmequelle ist dabei der Tourismus: Immerhin 22 Mrd. Franken wurden im vergangenen Jahr umgesetzt. In den Berggebieten arbeitet bereits jeder Dritte im Tourismusbereich. Womit wir beim Fremdenverkehr wären. Noch vor der Uhren- und Textilindustrie ist der Tourismus der drittgrößte Wirtschaftszweig der Schweiz. Mehr als die Hälfte der Buchungen kommt aus dem Ausland. An der Spitze der ausländischen Feriengäste rangieren die Deutschen, beliebt ist die Schweiz als Reiseziel aber auch bei Engländern, Belgiern und Nordamerikanern.

> *»Landschaftlich wie kulturell eine ungeheure Vielfalt«*

Zahlen können nicht verdeutlichen, wie schön das Land ist. Und die Schweiz kann geradezu schmerzend schön sein. Ein Sonnenuntergang am Vierwaldstätter See, der Blick auf das Matterhorn, der illustre Weg von der mondänen Glitzerwelt von St. Moritz über den Malojapass in die ärmste Ecke der Schweiz bei Stampa kurz vor der italienischen Grenze, die Rebberge bei Lausanne, der Jura mit seinen Freiberger Pferden, das Emmental mit seinen mächtigen Bauernhöfen, Genf mit seinem so zauberhaften Umland, Zürich mit seiner kulturellen Vielfalt, Biel oder Bienne, wie die Westschweizer lieber sagen, mit den Enten und Schwänen an der Uferpromenade, St. Gallen und sei-

Mit Hellebarde und Säbel

Im Vatikan sorgt die Schweizergarde für Sicherheit

Seit 1506 bewachen den Papst in Rom ausschließlich gebürtige Schweizer. Die Schweizergarde oder die – wie sie offiziell heißt – *Guardia Svizzera Pontificia*, die früher bis zu drei Hundertschaften stark war, besteht heute aus insgesamt 110 Gardisten. Wer sich für mindestens zwei Jahre verpflichten will, muss zwischen 19 und 30 Jahre alt sein und nachweisen, dass er katholisch und ledig ist. Außerdem müssen die Gardisten – niemand weiß mehr, warum – exakt 1,74 m groß sein. Die Schweizergardisten tragen eine rot-gelb-blaue Galauniform. Mit Hellebarden und Säbeln bewachen sie die Eingänge des Vatikans, die Audienzsäle und die Privatgemächer des Papstes. Nach 10, 15 oder 20 Dienstjahren haben die Gardisten Anrecht auf eine lebenslange Pension aus der Kasse der römisch-katholischen Kirche.

Skipause auf dem Gornergrat bei Zermatt vor der Kulisse des Matterhorns

ne Bratwurst, Davos und sein »Zauberberg«; das Tessin, das schon so italienisch ist und doch mit Italien nicht viel am Hut hat – Augenblicke, im buchstäblichen Sinn, Momentaufnahmen. Die Schweiz ist wie ein andauernder Blick in ein Kaleidoskop. Bunt klicken die Rauten und Kreise zu immer neuen Bildern zusammen. Ständig entsteht ein neues Gesamtbild, das sich beim nächsten Drehen, bei der nächsten Wendung wieder verändert. Die Schweiz ist nicht zu fassen! Im übertragenen Sinn nicht, denn immer wenn auch der häufige Besucher glaubt, jetzt kenne er das Land, tut sich eine neue, manchmal nur winzige, geheimnisvolle Welt auf. Und auch im tatsächlichen Sinn kann man die Schweiz nur schwer fassen, nur lückenhaft beschreiben. Die Schweiz ist mehr als »einfach ein großer, buckliger, massiver Felsen mit einer dünnen Grashaut«, wie der große Mark Twain einst witzelte. Die Bergwelt der Alpen ist geradezu bezaubernd.

» Bezaubernde Bergwelt und weltoffene Städte «

»Mutter Helvetia« prägt auch jene, die schon längst im Ausland leben: Der Theaterregisseur Luc Bondy, in Wien lebend, aber 1948 in Zürich geboren, bekennt: »Ich komme heute immer wieder in die Schweiz zurück: Das Engadin ist mein liebster Ferienort überhaupt; die Luft dort inspiriert mich. Und ich mag an Zürich, dass diese Stadt keine wirkliche Stadt ist, dass der Übergang zum Land unklar ist. Wenn der Zürichsee vor einem Gewitter dunkel wird und die Schwäne fahler, dann wird Zürich sogar mysteriös, traumhaft. Das sehe ich von überall aus.« Und wer möchte das nicht immer mal wieder sehen?

Von Alpabtrieb bis Weltliteratur

Warum die Schweiz keine eigentliche Nation ist. Und noch ein paar Informationen, mit denen man die Schweiz besser verstehen kann

Ein Spektakel ist der Alpaufzug

Alpaufzug und -abtrieb

In der Schweiz findet sich noch unverfälschtes Brauchtum, z. B. die Alpaufzüge und -abtriebe im Juni und September im Appenzellerland und im Berner Oberland, aber auch in den Fribourger Alpen. Der für die Qualität der Milchprodukte und des Fleisches wichtige Aufenthalt auf der Alp wird an seinem Anfang und Ende gefeiert. Dies umso mehr, als der sommerliche Aufenthalt auch für viele Bauern und ihre Familien immer noch etwas Besonderes darstellt. Ein wunderbares Spektakel, das es lohnt, die gesperrte Straße in Kauf zu nehmen!

Architektur

Die Schweiz hat eine lange Tradition der Architektur. Bekannte Bauwerke der Renaissance, so die Rialto-Brücke in Venedig, wurden von Tessiner Architekten gebaut. Auch in St. Petersburg und Moskau finden sich Bauten, die von Tessiner Architekten geplant wurden. Der Schweizer Le Corbusier (Charles-Edouard Jeanneret, 1887–1965) gehört zu den bekanntesten Architekten des 20. Jhs. Internationale Anerkennung fanden Luigi Snozzi, Mario Botta oder Jacques Herzog und Pierre de Meuron.

Mit dem Bernina-Express durch die schönsten Ecken der Schweiz

Bahnland

Die Schweiz verfügt über eines der dichtesten Bahnnetze der Welt. Die Länge des Schienennetzes beträgt rund 5100 km. Die Schweizerischen Bundesbahnen (SBB) bieten täglich rund 4000 Reisezüge oder 248 000 Zugkilometer an. Davon entfällt etwa die Hälfte auf Eurocity-, Intercity- und Schnellzüge, die andere Hälfte auf Regionalzüge. Jährlich befördern die SBB 320 Mio. Personen. In der Schweiz gibt es zudem 1821 Bergbahnen: 12

Zahnrad-, 59 Standseil-, 214 Pendel-, 124 Gondel- und 307 Sesselbahnen sowie 1104 Skilifte. Auf einer Streckenlänge von gut 1950 km überwinden diese Bahnen eine Höhendifferenz von ca. 600 km. Alles Wissenswerte über Preise, Fahrpläne, Strecken und Sonderangebote erfahren Sie unter *www.sbb.ch*.

Birchermüesli

Benannt ist diese Köstlichkeit, die in Zeiten körperbewussten Essens ihren Siegeszug weit über die Schweizer Grenzen angetreten hat, nach dem Schweizer Arzt Dr. Bircher Benner. Er wollte gesunde Ernährung und gutes Essen miteinander verbinden. Sein klassisches Mus, das sehr luftig sein soll, geht so: Haferflocken werden 20 Minuten in Milch eingeweicht und – nach Geschmack – mit Joghurt angereichert. Anschließend werden geriebene Haselnüsse, gehackte Walnusskerne, ein geriebener Apfel und frische Saisonfrüchte wie Erdbeeren, Himbeeren, Zwetschgen oder Aprikosen untergehoben.

Föderalismus

Dass die Schweiz keine eigentliche Nation ist, macht schon die Topografie deutlich: Das Dach der Alpen mit seinen 41 Viertausendern liegt auf Schweizer Staatsgebiet, das Land entwässert sich in vier große Stromgebiete – mit dem Rhein zur Nordsee, der Rhône und dem Ticino zum Mittelmeer und dem Inn zum Schwarzen Meer. Dementsprechend haben sich auch kulturelle und sprachliche Identitäten ausgebildet. Im Einzugsgebiet des Rheins werden vor allem alemannische Dialekte gesprochen, der Rhône entlang herrscht das Französische vor, im Tessin ist man nach Italien ausgerichtet, und in Graubünden wird noch das Rätoromanische gepflegt, das erst seit 1938 offiziell als vierte Landessprache anerkannt ist. Die Schweiz ist also ein föderalistischer Bund verschiedener Gemeinwesen, der relativ autonomen Kantone, die allesamt mit wichtigen Aufgaben wie Gesundheitswesen und Ausbildung betraut sind. Jede Region besitzt ihre kulturellen und politischen Hauptorte; einen zentralistischen »Wasserkopf« wie Paris kennt die Schweiz nicht. Der von dem 1996 verstorbenen Historiker J. R. von Salis formulierte Grundsatz »Einheit ja, Einheitlichkeit nein« könnte gut auch für die problemgeplagte EU gelten, denn ist es nicht die Schweiz, die seit langem vormacht, wie nordische Kühle und mediterranes Heißblut kooperieren können?

Giacometti

Das ist der Name einer berühmten Künstlerfamilie aus dem Ort Stampa in Graubünden. Vater Giovanni Giacometti, der in München und Paris Malerei studierte, gilt als einer der führenden Schweizer Nachimpressionisten. Sein Vetter Augusto kam über den Jugendstil zur abstrakten Malerei. Aber erst Giovannis Sohn Alberto Giacometti wurde weltberühmt. Der am 10. Oktober 1901 in Graubünden geborene und am 11. Januar 1966 in Chur verstorbene Maler und Bildhauer entwickelte in den Vierzigerjahren seinen Stil: ausgedünnte, überlange Figuren, Büsten und Köpfe mit rissigen Oberflächen, die heute in den großen Museen der Welt stehen. Alberto Giacomettis Bruder Diego lebte und arbeitete mit ihm zusammen in Paris. Doch Diego, der sich selbst einen Handwerker nannte, verlegte sich auf das Design von Möbeln und anderen Gebrauchsgegenständen; die Kunst überließ er Bruder Alberto, was der mit dem berühmt gewordenen Satz kommentierte: »Er ist die Hand; ich bin der Kopf.«

Glacier- und Bernina-Express

Wann immer die schönsten Zugfahrten der Welt aufgezählt werden, gehört der Glacier-Express dazu. Für die 270 km von Zermatt über Brig, Andermatt, Chur nach Davos oder St. Moritz braucht der schleichende Express mehr als 7,5 Stunden. Dafür bekommt man aber, besonders im Winter, einzigartige Bilder zu sehen. Bei der Fahrt überwindet der Zug 2500 Höhenmeter, von denen er einige Steigungen nur mit Hilfe von Zahnrädern nehmen kann. Auf der Strecke liegen 291 Brücken und 91 Tunnel, hinter denen sich immer wieder neue Landschaften auftun. Der Glacier-Express verkehrt zweimal täglich; von Mitte Oktober bis Mitte Mai einmal täglich. Die Fahrpreise bewegen sich je nach Klasse und Einstiegsort zwischen 30 und 150 Euro. Auf der Website *www.glacierexpress.ch* erfahren Sie mehr über Route, Preise und Fahrpläne. Plätze reservieren können Sie entweder über die oben genannte Website oder direkt bei Furka-Oberalp-Bahn *(Ueberlandstr. 9, 3900 Brig, Tel. 027/922 81 11)*. Für das Mittagessen im Speisewagen, das zum Erlebnis einfach dazugehört, ist eine gesonderte Reservation bei der Schweizerischen Speisewagengesellschaft *Elvetino* in Chur erforderlich *(Tel. 081/252 14 25)*.

Wem das noch nicht reicht, der reist von Chur aus mit der Rhätischen Bahn über die berühmte Albulastrecke ins Engadin. Weiter geht die Reise von St. Moritz bzw. Pontresina aus mit dem bahntechnisch eindrucksvollen Bernina-Ex-

Nichts zu spüren vom Wintersporttrubel: St. Moritz im Sommer

Felsenhänge sind die Heimat der wendigen Steinböcke

press über den gleichnamigen, 2200 m hohen Pass, durch das reizvolle Poschiavo-Tal über diverse Kunstbauten bis hinunter ins nur noch 438 m hoch gelegene Tirano im italienischen Veltlin. Alles über die »kleine Rote«, wie die Rhätische Bahn liebevoll genannt wird, finden Sie unter *www.rhb.ch.*

Heidi

Das herzige, kraushaarige Kind Heidi wurde zum Markenzeichen der Schweizer Alpenwelt. Geschafft hat dies eine Frau mit nur zwei Büchern: Die Zürcher Stadtschreibersgemahlin Johanna Spyri schrieb 1880 im Alter von 53 Jahren nacheinander die beiden Bücher »Heidis Lehr- und Wanderjahre« und »Heidi kann brauchen, was es gelernt hat«. Für die damalige Zeit wurden die Bücher quasi über Nacht Bestseller und kamen, was bis heute immer noch eine kleine Sensation ist, übersetzt aus dem deutschsprachigen auf den amerikanischen Markt.

Kuhglocken

Sie gehören zur Schweiz wie der Käse. Man hört sie überall und – was mancher als störend empfindet – auch frühmorgens durch das geschlossene Fenster eines hoch gelegenen Hotels. Dabei hat die Eidgenossenschaft höchstrichterlich entschieden, dass Kuhglockengeläut nicht als gesundheitsschädlich einzustufen ist. Ein genervter Waadtländer hatte die Klage beim obersten Gerichtshof angestrengt. Der empfahl dann lediglich, den Kühen Glocken bis maximal Größe acht umzubinden. Immerhin, es gibt auch doppelt so große.

Pflanzen- und Tierwelt

Die Schweiz ist Natur pur. Auf engem Raum gibt es hier einen Artenreichtum wie selten in Mitteleuropa. Die Pflanzenwelt teilt man in fünf Vegetationsstufen ein: Bis zu einer Höhe von 600 m gedeihen Nutzpflanzen. Der Mischwald, den man auch Bergwald nennt, besteht bis in eine Höhe von 1200 m vornehmlich aus Buchen, Föhren und Tannen. Steigt man noch höher, bis ca. 2000 m, beginnt der Lärchenwald. Darüber fängt die Mattenzone mit vereinzeltem Buschwerk und Krüppelkiefern an. Über 2500 m breitet sich die Zone des ewigen Schnees aus. Auf den Almweiden gedeihen im Sommer Blumen wie Alpenanemone, Alpenrose, Eisenhut, Enzian und Männertreu. Noch höher ist das streng geschützte, genügsame Edelweiß zu finden.

Auch die Tierwelt ist vielfältig. Die meisten Arten stehen unter Schutz. In den alpinen Zonen findet man Adler, Bergdohlen, Murmeltiere, Luchse, Gemsen und Steinböcke, in den Wäldern Damwild, Füchse, Hasen und Wildschweine, aber auch so seltene Tiere wie die Aspisviper, den Biber, den Feuersalamander und die Zauneidechse. Zu den heimischen Vögeln zählen Distelfink, Eisvogel, Eule, Kauz und sogar der Bartgeier. Die vielen Seen sind bevölkert von Wasserspinnen und -zikaden, Kröten, Molchen und Libellen. In den großen Seen schwimmen reichlich Fische, vor allem Egli, Felchen, Forellen und Hechte. Angeln ist erlaubt und sogar gebührenfrei. Einzelheiten über die Fischgewässer: *www.fischerportal.ch, www.umwelt-schweiz.ch/buwal/de*

Tinguely

Der Maler, Bildhauer und Aktionskünstler Jean Tinguely war bis zu seinem Tod 1991 und noch darüber hinaus so etwas wie ein Nationalheld der Schweizer. Ein abstrakter, versponnener Künstler als nationale Integrationsfigur, geht das? Es ging! Denn Tinguely, am 22. Mai 1925 in Fribourg geboren, war weitaus mehr als ein Provokateur der Kunstwelt. Er galt den Eidgenossen als sympathischer Kauz, als liebenswürdiger Chaot. Er war Inbegriff der modernen Kunst im Land, und gleichzeitig nahm er den Menschen die Schwellenangst vor ihr. Der 100. Geburtstag eines Basler Chemiekonzerns machte es möglich, dass der Künstler fünf Jahre nach seinem Tod in Basel ein eigenes Museum erhielt, das der Schweizer Architekt Mario Botta entwarf.

Uhren

Die Schweiz ist das Land der Uhrenherstellung – seit Chronometer überhaupt hergestellt werden. Die Firmen haben große Namen und lange Tradition. Auch heute kommen die schönsten, teuersten und haltbarsten Uhren noch immer aus der Schweiz. Und es kommt auch der Zeitgeist, wie ihn die Swatch symbolisiert, aus der Schweiz – die Uhr, die jeder trägt.

Weltliteratur

Die berühmtesten Schriftsteller der Schweiz sind Friedrich Dürrenmatt und Max Frisch. Dürrenmatt, 1921 in Konolfingen im Emmental geboren und 1990 in Neuenburg gestorben, wurde weltbekannt mit Theaterstücken wie »Der Besuch der alten Dame« und »Die Physiker«. Auch seine Kriminalromane »Der Richter und sein Henker«, »Der Verdacht« und »Das Versprechen« wurden in viele Sprachen übersetzt. Ebenfalls zu den Klassikern zählt Max Frisch aus Zürich (1911–91). Seine Theaterstücke »Andorra« und »Herr Biedermann und die Brandstifter« sowie seine Romane »Stiller« und »Homo Faber« wurden internationale Erfolge. Weitere Autoren mit internationalem Renommee sind Corinna Bille, Annemarie Schwarzenbach, Regina Ullmann, Blaise Cendrars, Friedrich Glauser, Gottfried Keller, Charles-Ferdinand Ramuz und Robert Walser.

Währschaft und gluschtig

Das Genießen ist in der Schweiz gar nicht so einfach, denn die Auswahl an Spitzenlokalen ist groß

Einfach ist es allemal, sich in der Schweiz satt zu essen. Gasthäuser gibt es reichlich. Und die meisten sind, verglichen mit dem internationalen Standard, mehr als gut. Doch genau da beginnt die Schwierigkeit. Reisende haben wohl in keinem Land der Welt so sehr die Qual der Wahl. Gar nicht einfach also, den richtigen Platz zu finden, an dem man sich in der Schweiz satt essen mag. Was für die Sprachen und das Wetter gilt – dass die Schweiz so etwas wie ein Europa im Kleinen ist –, muss man auch als Maßstab für Essen und Trinken ansetzen. Gerade an den Grenzen gibt es die Einflüsse aus den Nachbarländern. Aber: Was die Schweizer daraus machen, ist und bleibt einzigartig. Der Platz reicht hier bei weitem nicht aus, um auch nur annähernd allen besuchenswerten Wirtschaften gerecht zu werden, denn nach dem bekannten Schweizer Gastrokritiker Beat Wüthrich hat jeder Kanton mindestens ein Spitzenlokal der Nobelklasse.

Wer jedoch nicht gleich ein Riesenloch in seine Reisekasse bekommen möchte, wird in einfacheren Gasthäusern den Spezialitäten des Landes nachspüren.

Kräftig und herzhaft im Geschmack, einfach lecker: Bündner Fleisch

Nach wie vor stehen Schweizer nämlich auf »währschaftes« (einfaches) Essen: Es muss den Magen füllen, einfach in der Zubereitung sein und darf nicht allzu viel kosten. Zum Beispiel eine Rösti mit Bratwurst oder Spiegelei oder Älpler Maggronen (Makkaroni) mit Apfelmus zum Mittagessen. Sehr beliebt in der ganzen Schweiz sind nach einer Wanderung oder dem Sonntagsspazierung *Z'Vieri-Plättli* (Vier-Uhr-Teller) oder ein Wurst- oder Thonsalat (Thunfischsalat) mit einer Unmenge Zwiebeln. Am besten schmecken die *Z'Vieri-Plättli* in einer der vielen Berg- oder Ausflugsgaststätten. Käse (meist Greyerzer, Emmentaler, Appenzeller, Hobelkäse oder ein Alpkäse), Trockenfleisch, Speck und Butter werden auf einem Holzteller zusammen mit Brot serviert. »Gluschtig« oder »aamächelig« (verlockend) muss der Teller schon aussehen, und das Brot sollte »chüschtig« (schmackhaft) sein. Dazu trinkt man Rot- oder Weißwein aus der jeweiligen Gegend. Das Angebot an Schweizer Weinen, die man in »Dezi« (0,1 l) bestellt (ein, drei oder fünf Dezi), ist groß. Aus dem Wallis

Schweizer Spezialitäten

Lassen Sie sich diese Köstlichkeiten gut schmecken!

Alphüttensuppe – Schwere Gemüsesuppe aus Fribourg mit Makkaroni, Rahm und geriebenem Käse.

Busecca – Die Suppe mit Kutteln ist eine Tessiner Spezialität.

Chügelipastete – Der Name der Luzerner Pastete stammt von den Kalbfleischkügelchen, mit denen sie gefüllt wird. Zur Füllung der im Ofen gebackenen Pastete gehören auch Champignons.

Gitzichüechli – In Mehlteig gebackene Filetstücke vom Ziegenkitz, die es im Appenzeller Land an hohen Feiertagen gibt.

Käsefondue – Die bei der Mischung verwendeten Käsesorten und Weißweinbeigaben variieren je nach Region. Der flüssige Käse köchelt auf einem Rechaud in der Mitte des Tisches, die Essenden tunken mit Spießen Weißbrotbrocken in den sämigen Käsesud.

Märitsuppe – Die deftige Berner Suppe wird mit Trockenerbsen, Kartoffeln und *Gnagi*, gepökelter Schweinshaxe, zubereitet.

Olma-Bratwurst – Die berühmte Bratwurst aus St. Gallen wird auf Holzkohle gegrillt und mit einem *Bürli*, einer knackigen Semmel, gegessen.

Papet vaudois – In Schweineschmalz gedünstetes Kartoffel-Lauch-Gemüse, zu dem es die fette Waadtländer *Saucisson* (Räucherwurst vom Schwein) gibt.

Pizzocheri – Aus Graubünden kommen diese Spätzle, die in einer Gemüsesuppe (u. a. Mangold und Spinat) gekocht und mit dem Gemüse vermischt serviert werden.

Raclette – Der Raclettekäse aus dem Wallis wird mit Hilfe eines Tischgrills geschmolzen und dann Schicht für Schicht abgeschabt. Dazu gibt's Pellkartoffeln.

Rösti – klassische Beilage aus der Berner Küche: Grob geraspelte Kartoffeln werden mit Speck gebraten; als Hauptgericht auch mit Spiegeleiern belegt.

Verzada-Cassola – Bündner Siedfleischeintopf mit Weißkohl.

Zigerhörnli – Teigteilchen, die mit Schabziger überbacken werden, einem mit Kräutern hergestellten Magermilchkäse aus Glarus.

Züri Gschnätzlets – Klassiker der gutbürgerlichen Schweizer Küche: geschnetzeltes Kalbfleisch in einer Weißwein-Rahmsauce. Dazu isst man Rösti oder *Nüdeli*.

kommen Petite Arvine, Fendant und Johannisberg als Weiß-, Dôle und Humagne rouge als Rotweine. Das Waadtland liefert Féchy, Vinzel und Dézaley als Weiß-, Salvagnin und Pinot Noir als Rotweine. Vom Neuenburger See gibt es Chardonnay, Chasselas, Pinot blanc und Neuchâtel als Weiß-, Pinot Noir als Rot- und Oeil de Perdrix als Rosé, vom Genfer See Chasselas als Weiß- und Gamay als Rotwein. Und im Tessin findet man einen sehr guten weißen und roten Merlot. Nicht zu vergessen die Weine aus Aargau, Graubünden, Schaffhausen, St. Gallen, Thurgau und Zürich. In diesen Gegenden wird vor allem Riesling-Sylvaner (Weißwein) und Blauburgunder (Rotwein) produziert.

Einen Sonderstatus als Hauptgerichte nehmen *Käsefondue* und *Raclette* ein. Oft ist das gesellige Beisammensein dabei wichtiger als das Essen selbst. Für ein gutes Fondue braucht es Käse – mindestens zwei verschiedene Sorten –, Knoblauch und Weißwein. Das *caquelon,* wie die bauchige Fonduepfanne heißt, wird auf dem Rechaud mitten auf den Tisch gestellt. Mit einem gabelartigen Spieß taucht man die Brotstücke in die heiße Käsesuppe. Achtung: Wer ein Brotstück verliert, wird nicht ausgepeitscht, wie im Band »Asterix bei den Schweizern« beschrieben, sondern muss etwas spendieren! Das kann ein Kuss, ein Schnaps oder eine Runde Wein sein. Das bekannteste Fondue in der Schweiz ist das *moitié-moitié* (halb Greyerzer, halb Vacherin). Zu einem Fondue und einem Raclette trinkt man spritzigen Weißwein oder schwarzen Tee. Einfacher in der Zubereitung ist das *Raclette.* Der Raclettekäse aus dem Wallis wird mit Hilfe eines Tischgrills geschmolzen und dann Schicht für Schicht abgeschabt. Dazu werden Pellkartoffeln und Salzgurken und Silberzwiebeln gereicht. Ein Gläschen Kirsch nach den beiden Käsegerichten hilft beim Verdauen.

Wer Desserts mag, ist in der Schweiz selbstverständlich auch am richtigen Platz. Torten gibt es in allen Variationen, Teig-, Frucht- und Nussmischungen. Drei besondere seien herausgehoben, weil sie in der ganzen Welt einen Namen haben: die *Engadiner Nusstorte,* die *Rüeblitorte* aus dem Aargau aus geriebenen Karotten und Haselnüssen, Eiern, Zimt und Zucker sowie die *Zuger Kirschtorte* aus Buttercreme, Biskuit und einem Japonaisboden von geschlagenem Eiweiß.

Wer nach dem Essen einen Digestif braucht, muss auch in der Schweiz nicht auf einen Schnaps verzichten. Neben dem bereits erwähnten *Zuger Kirschwasser,* das besonders weich ist, wenn es wenigstens zwölf Jahre gelagert wird, kredenzt man *Pflümli* oder *Pruneau,* das Zwetschgenwasser, *Le Bon Père William,* den Williamsbirnenschnaps, oder ein *Eau-de-vie de Pommes,* einen klaren Geist vom Gravensteiner Apfel. Eine besondere Spezialität sei hier noch verraten: Probieren Sie einmal einen *Kafi fertig* oder *Kafi Lutz*: heißer, dünner Kaffee mit viel Zucker und viel Kirsch, Pflümli, Zwetschgen- oder Kräuterschnaps.

Wenn dann die Kellnerin, die in der Schweiz Serviertochter heißt, kommt und fragt: »Sind Sie bedient?«, dann heißt das so viel wie: »Haben Sie noch einen Wunsch?« Doch den haben Sie nach so viel Üppigkeit kaum noch.

Flüelapass
2389m
Flüelapass
2389m
Flüelapass
2389

Mehr als Edelweiß und Kuhglocken

In der Schweiz ist ein Einkaufsbummel nicht gerade preiswert. Dafür kann, wer sucht, viel Typisches finden

Es kann witzig sein, ein kitschiges Andenken aus einem der vielen Souvenirläden aus der Schweiz mit nach Hause zu bringen, z. B. eine Armbrust aus Plastik, ein pfeildurchbohrter Holzapfel, ein Edelweiß, eine Schweizer Kuh oder ein *Sennenchäppli* (eine Sennenmütze). Die Schweizer selbst bevorzugen hochwertiges Handwerk in ansprechender Form. Gut zu gebrauchen und obendrein praktisch ist das bekannteste Taschenmesser der Welt: Das rote Schweizer Militärmesser (in der Schweiz heißt es Sackmesser) mit dem weißen Kreuz gibt es als Offiziers- (mit Korkenzieher) oder als Soldatenmesser (einfachere Version) in mehr als zwanzig Größen und ebenso vielen Preisstufen. Ein Vergleich lohnt daher!

Eine andere, fast in Vergessenheit geratene Spezialität sind die Spieldosen. Im Jura, vor allem in Ste. Croix oberhalb von Yverdon am Neuenburger See, entwickelte sich schon im 19. Jh. aus dem Uhrenhandwerk eine blühende Tradition der (Musik-)Automatenherstellung, die auch heute noch Spezialanfertigungen hervorbringt.

Für Kitschfans und Souvenirjäger: Kuhglocken mit Edelweiß-Dekor

Das Schweizer Heimatwerk ist die Verkaufsorganisation all jener Handwerker, die unter dem Motto »von hier, von heute, von Hand« nützliche, schöne und qualitativ hochwertige Schmuck- und Gebrauchsgegenstände herstellen. In den Verkaufsstellen finden Sie geschnitzte Kühe, Fonduesets, naive Kunst, Schnitzereien, Schmuck, Stickereien, Sankt Galler Spitze, Gürtel mit aufgestanzten Messingkühen oder Edelweißblüten. Als nettes Souvenir bietet sich auch die *girolle* an. Mittels eines Schabers wird der Tête de Moine (ein Käse aus den Freibergen) zu Rüschen verarbeitet und so genossen. Der geschabte Käse sieht tatsächlich wie ein Pfifferling aus (*girolle* = franz.: Pfifferling). Diese Delikatesse samt Schaber können Sie in vielen Käsereien oder Warenhäusern kaufen oder auch über das Internet bestellen: *www.lagirolle.ch.*

Die Geschäfte öffnen zwischen 8 und 9 Uhr. In den Großstädten geht es dann ohne Mittagsruhe bis 18.30 oder 20 Uhr – wie in Zürich, wo die Geschäfte nicht mehr an Ladenschlusszeiten gebunden sind.

Feste, Events und mehr

Wenn die Mädchen Knabenschießen und im Wallis die Kühe kämpfen ...

Es ist Revolutionäres zu melden: Seit 1991, dem Jubiläum 700 Jahre Schweiz, dürfen beim weithin berühmten Zürcher »Knabenschießen« auch Mädchen teilnehmen.

Basler Fasnacht

335 Jahre lang mussten sie auf diese Gleichstellung bei einem der ganz großen Schweizer Volksfeste warten. Jahrhundertelang haben immer in der ersten Septemberwoche 13- bis 16-jährige Jungs ihren Schützenkönig ausgeschossen. Ganz früher einmal – Tell grüßt! – mit der Armbrust, dann mit Büchsen und seit 1962 mit einem Sturmgewehr.

Feiertage

1. Januar: *Neujahrstag;* **Karfreitag; Ostermontag; 1. Mai:** *Tag der Arbeit;* **Auffahrt:** Christi Himmelfahrt; **Pfingstmontag; 1. August:** *Nationalfeiertag;* **25./26. Dezember:** *Weihnachten*

Die katholischen Feiertage wie Fronleichnam, Mariä Empfängnis, Allerheiligen und Berchtoldstag (2. Jan.) kommen in einigen Kantonen hinzu.

Feste/lokale Veranstaltungen

Januar

Appenzeller Silvesterkläuse: Etwas nach der Zeit feiern die Appenzeller ihren Jahreswechsel am 13. Jan. – in sehenswerten Kostümen.

Vogel Gryff: Als Auftakt zur Fasnacht haben die Basler Zünfte Leu, Vogel Gryff und Wilder Mann ihre ersten tänzerischen Auftritte am 13., 20. oder 27. Jan.

Februar/März

★ *Fasnacht:* An der Schweizer Fasnacht wird noch Brauchtum gepflegt. Am schönsten kann man sie im Walliser Lötschental, in Luzern oder in Basel genießen – die Stadt am Rheinknie wartet mit dem Insider Tipp »Morgestraich« auf: Am Montagmorgen nach Aschermittwoch um 4 Uhr verwandelt sich die ganze Stadt in ein Getümmel von Masken, Pfeifen und Trommeln.

Chalandamarz: Mit Schellen und Peitschen verjagen die Engadiner am 1. März die Dämonen des Winters.
Engadiner Skimarathon: Am 2. Märzwochenende laufen mehr als 10 000 Langläufer über die zugefrorenen Oberengadiner Seen.

April
Zürcher Sechseläuten: Am ersten Mo nach dem 16. April treiben die Handwerkerzünfte den Winter aus.

Mai
Insider Tipp *Kuhkämpfe:* Ende Mai lassen die Bauern im Walliser Dorf Aproz ihre »Kampfkühe« aufeinander los (bis Ende Juli auch in anderen Walliser Dörfern).

Juli
Literaturfestival Würfel Komma Dampf: Feines Literaturfestival inmitten steiler Berge in Leukerbad.

August
Streetparade Zürich: Gewaltiges Technospektakel mit 500 000 Ravern.
Marché-Concours: Nationales Pferdefest in Saignelégier im Jura.

September
Knabenschießen: Das größte Zürcher Volksfest in der ersten Septemberwoche hat sich gewandelt. Jetzt dürfen auch Mädchen teilnehmen.

Oktober
Olma: Auf der Ostschweizer Land- und Milchwirtschaftsausstellung in St. Gallen zeigen die Bauern, was sie haben, produzieren und brauchen.

November
Zibelemärit: Am 4. Mo ist »tout Bern« morgens auf dem Zwiebelmarkt, um Zwiebelkränze zu kaufen und Konfettischlachten zu schlagen.

Festivals

Juli
★ *Jazzfestival:* In Montreux treten internationale Jazz- und Popmusikgrößen auf.
Paléo-Festival: In Nyon am Genfer See treten Rockstars auf; größtes Openairfestival der Schweiz.

August
★ *Filmfestival* Locarno: International hoch angesehene Filmtage.
La Bâtie: Ende Aug. bis Mitte Sept. steht Genf im Zeichen der Kultur.

September
Insider Tipp *Jazzfestival Willisau:* Im Luzerner Hinterland treffen sich illustre Jazzer.
Musik-Festwochen: Klassikfestival in Luzern, weltweit gerühmt.

Auf geht's zum Skimarathon

Vom Berner Oberland bis an die Grenze Frankreichs

Von hier aus kann man viel erreichen – hohe Berge, tiefe Seen und ein Tal, das in aller Welt für seinen Käse bekannt ist

Die Mitte der Schweiz ist Bern nicht. Und doch sind die Stadt und ihr weit gefasstes Umland, das wir für diesen Reiseführer vom Berner Oberland bis an die französische Grenze rechnen wollen, so etwas wie der Mittelpunkt des Landes. Hier führen die großen Reiserouten, hier laufen die Fäden Schweizer Politik zusammen. Denn schließlich befindet sich hier mit Bern die Hauptstadt des Landes. Ausführliche Informationen finden Sie im MARCO POLO Führer »Bern/Berner Oberland«.

Emmental: Bauernhaus in Langnau

BERN

Karte auf Seite 130/131

[119 D5] Manchmal leidet Bern. Dann nämlich, wenn ein Ausländer zu sehr vom Glanz Zürichs, von der Grandiosität Luzerns und von der Weltläufigkeit Genfs schwärmt. Doch das Leiden währt nicht allzu lange. Denn die Berner sind stolz, in ihrer Stadt zu leben, die sie selbst nie als Großstadt bezeichnen würden. Dabei ist sie es selbstverständlich – mit ihren zahlreichen Möglichkeiten. Bleiben wir beim Buchstaben B: Bern ist also Bundeshauptstadt (127 000 Ew.); Bern ist darüber hinaus auch Bummelstadt zum Einkaufen, Bärenstadt wegen des Bären als Wahrzeichen und Brunnen- sowie Brückenstadt. Bern ist mit den vielen Geranien außerdem eine Blumenstadt sowie eine Bohemestadt der Künstler und Studenten. Es heißt auch, dass die Menschen in Bern in ihrem Kopf, dem »Bärner Gring«, noch schwei-

Faszinierende Bergwelt: Blick vom Jungfraujoch auf den Mönch

Das Wappentier im Bärengraben

zerischer, Spötter sagen langsamer, sind als andere Schweizer. Das stört die Menschen der Hauptstadt nicht, die auf ihre gut erhaltene Altstadt stolz sein können. Hinzu kommt, dass man von fast jedem Punkt der Stadt in kürzester Zeit an der von üppigem Grün umgebenen Aare ist, dem Fluss, der die Berner Altstadt in einer langen Schlaufe umfließt. Im Sommer lädt die Aare zu einem Flussbad ein. Und im Lorrainebad, das gleich neben dem Fluss mit Quellwasser gespeist wird, trifft man »tout Bern«. Im Übrigen können die Berner mit Fug und Recht auf eine gewisse Pfiffigkeit verweisen. So verwandelt sich z. B. der sonst verwaiste Waisenhausplatz dank der Berner *Ludothek*, die verschiedene Spiele zur Verfügung stellt, von Ende Mai bis Mitte September jeden Samstagabend zu einem für alle zugänglichen und beliebten Abendspielplatz.

Insider Tipp

Insider Tipp

SEHENSWERTES

Altstadt

★ Die in einer Aareschlaufe auf drei Seiten eingeschlossene mittelalterliche Altstadt hat mit ihren blumengeschmückten Patrizierhäusern und Arkadengängen Aufnahme ins Unesco-Verzeichnis der Weltkulturgüter gefunden. Sehenswert sind auch die skurrilen Brunnen, ganz besonders der *Kindlifresserbrunnen.*

Bärengraben

Dieses Unikum von Tiergehege befindet sich am einen Ende der *Nydeggbrücke* und wird zusehends tiergerechter gestaltet. Schon in Urkunden aus dem 15. Jh. ist von einem Bärengraben die Rede, durch den die Jäger heimkehrten, die in den Wäldern mit großem Bestand an Braunbären reiche Beute gemacht hatten. Auch geht die Legende, dass der Bär, das Wappentier, der Stadt den Namen gegeben hat. Die Tiere halten sich *tgl. 9–17.30, im Winter 9–16 Uhr* im Freien auf.

Bundeshaus

Während der Sitzungen des Parlaments kann man die Räume dieses lang gestreckten Gebäudes, das 1902 fertig gebaut wurde, nicht besichtigen. Es gibt aber *Führungen*, die *außer an Sonn-und Feiertagen tgl. um 9, 10, 11, 14, 15 und 16 Uhr* stattfinden. *Bundesplatz*

Dählhölzli

Insider Tipp

Den Tierpark, der über einen hinreißenden Kinderzoo (Tiere zum Anfassen) verfügt, erreichen Sie mit der *Buslinie 19. Tgl. 8–18.30, im Winter 9–17 Uhr, Tierparkweg 1*

Käfigturm

An der Ostseite des *Bärenplatzes* steht der Turm aus dem 17. Jh., in dem der Kanton Bern eine Infostelle mit Multivisionsschau eingerichtet hat. *Di–So 10–13, 14–18 Uhr*

Münster

Sein knapp 100 m hoher Turm überragt die Altstadt. Das Hauptportal gilt mit seinen reichen Verzierungen, die auch das Jüngste Gericht darstellen, als einzige gotische Pforte in der Schweiz. Von der Terrasse hinter dem Münster blickt man auf den Verlauf der Aare hinunter. *Münsterplatz 1*

Zytglogge-Turm

Das Wahrzeichen Berns, ein häufig umgebautes ehemaliges Stadttor, sollten Sie vier Minuten vor der vollen Stunde besuchen. Denn dann setzt die astronomische Uhr mit ihrem Glockenspiel ein schönes Figurenspiel in Bewegung. *Kramgasse*

MUSEEN

Kunstmuseum

In dem Ende des 19. Jhs. gebauten Neorenaissancebau (Erweiterungsbau 1935) befindet sich eine sehr schöne Sammlung bernischer Kunst vom 15. Jh. bis heute. Unter anderem sind Werke von Ferdinand Hodler, Albert Anker, Paul Klee, Meret Oppenheim und Franz Gertsch ausgestellt. *Di 10–21, Mi bis So 10–17 Uhr, Hodlerstr. 12*

Museum für Kommunikation Insider Tipp

»Erlebnispädagogisch« erschlossene Ausstellungen über Post- und Fernmeldegeschichte sind der Clou dieses Hauses. *Di–So 10–17 Uhr, Helvetiastr. 16*

Schweizerisches Alpines Museum

★ Umfassender können Sie sich nicht über die Erschließung und den aktuellen Forschungsstand in den Alpen informieren. Hier wird nichts beschönigt – auch nicht die Gefahren, die für die Bergwelt vom Alpinismus und vom Skitourismus ausgehen. *Mo 14–17, Di–So 10–17 Uhr, Helvetiaplatz 4*

MARCO POLO Highlights »Bern/Mittelland/Jura«

★ **Altstadt Bern**
Immer wieder stößt man an schöne Brücken und hübsche Plätze (Seite 28)

★ **Schweizerisches Alpines Museum**
Erfahren, wie die Schweizer ihr Land erschlossen haben (Seite 29)

★ **Eiger-Nordwand**
Die Herausforderung für Alpen-Bergsteiger schlechthin (Seite 35)

★ **Porrentruy**
Das in der Ajoie gelegene Städtchen lohnt ein Umweg (Seite 37)

★ **Ballenberg**
Packende Völkerkunde: Das Schweizerische Freilichtmuseum informiert über den Alltag von damals (Seite 32)

★ **La Chaux-de-Fonds**
Das Uhrenmuseum ist unbedingt einen Besuch wert (Seite 33)

Zentrum Paul Klee
Im Sommer 2005 erhält der in Münchenbuchsee bei Bern geborene Maler und Grafiker Paul Klee (1879–1940) ein eigenes Museum. Der italienische Stararchitekt Renzo Piano hat das neue Museum entworfen. Erkundigen Sie sich beim Tourismusbüro nach den Öffnungszeiten – ein Besuch lohnt garantiert. *Weltistr. 40, www.paulklee zentrum.ch*

ESSEN & TRINKEN

Hier kommt sie nun wirklich her, die Berner Rösti, die man überall in der Schweiz als Beilage bekommen kann. Die Rösti isst man in Bern am liebsten mit einer deftigen Schweinsbratwurst. Wie überhaupt vieles, was in dieser Stadt aufgetischt wird, von eher kräftiger Statur ist: etwa der *Buurehamme,* ein hausgeräucherer Bauernschinken, die *Schweinsöhrli in Erbsensuppe* oder selbstverständlich die *Berner Platte,* die üppige Sauerkraut-Schlachtplatte.

Das nahrhafte Essen stammt noch aus der Zeit, als die Bauern aus dem benachbarten Emmental zum Weinhandel regelmäßig nach Bern kamen. Damals, bis zum Anfang des 19. Jhs., gab es in der Stadt 200 Weinbeizen. Ein scharfes Gesetz – die Lokale mussten spätestens um 21 Uhr schließen – machte dem Boom dann ein Ende. Heute gibt es von den alten Beizen leider nur noch zwei: den *Kornhauskeller (tgl., Kornhausplatz 18, Tel. 031/327 72 72, €)* und den *Klötzlikeller (So geschl., Gerechtigkeitsgasse 62, Tel. 031/311 74 56, €).* In beiden ist nach 17 Uhr die Hölle los.

Della Casa
Ohne Übertreibung kann dieses Lokal als Institution bezeichnet werden. Die Einrichtung ist rustikal und eher düster und lässt nicht vermuten, wie lecker die gutbürgerliche Küche schmeckt. So ist es nicht erstaunlich, dass sich hier Berner und oft auch MinisterInnen die Klinke in die Hand geben. *So geschl., Schauplatzgasse 16, Tel. 031/311 21 42, €€*

Fischerstübli
Restaurant und Bar befinden sich im verträumten Stadtviertel Matte in einem alten Haus. Bei schönem Wetter lockt ein Sommergarten. Hervorragende Küche, guter Service. *Im Winter So geschl., Bar: Do bis So ab 21 Uhr, Gerberngasse 41, Tel. 031/311 53 67, www.fischer stuebli.com, €– €€*

EINKAUFEN

Wochenmärkte finden Di und Sa in der *Bundesgasse, Gurtengasse, Schauplatzgasse* und auf dem *Bundes-* sowie dem *Bärenplatz* statt. Jeden 1. Sa im Monat findet auf dem *Münsterplatz* der Handwerkermarkt und jeden 3. Sa im Monat ein Flohmarkt auf dem *Mühleplatz* statt. Die berühmten *Lauben* in der *Fußgängerzone* der Altstadt laden zum Bummeln ein.

ÜBERNACHTEN

Die Hotelsituation ist nicht immer einfach, da Bern ein reiches Kongressleben hat und wegen der Bundesverwaltung sowie des Diplomatischen Corps auch sonst viel Besuch bekommt. Eine Voranmeldung ist deshalb angebracht.

Bellevue Palace Bernerhof
Das Luxushotel liegt ideal. Direkt neben dem Bundeshaus hat es ruhige Zimmer mit Blick auf die Aare und die Alpen. In der Nähe beginnt gleich die Einkaufszone der Altstadt. *145 Zi., Kochergasse 3–5, Tel. 031/320 45 45, Fax 311 47 43, www.bellevue-palace.ch*, €€€

City am Bahnhof
Zentraler geht's nun wirklich nicht: Das Haus liegt nur zwei Minuten vom Bahnhof und von den berühmten Lauben entfernt. *58 Zi., Bubenbergplatz 7, Tel. 031/311 53 77, Fax 311 06 36, www.fhotels.ch*, €€

Innere Enge
Empfehlenswertes Haus, und *Marions Jazz Club* im Hotel ist ein echter In-Treff. *26 Zi., Engestr. 54, Tel. 031/309 61 11, Fax 309 61 12, www.zghotels.ch*, €€

Jugendherberge
Liegt unterhalb des Bundeshauses. *Weihergasse 4, Tel. 031/311 63 16, Fax 312 52 40, www.jugibern.ch*

AM ABEND

Obwohl Bern kaum als pulsierende Metropole zu bezeichnen ist, bietet die Hauptstadt doch einiges an Ausgehmöglichkeiten. Einen guten Überblick erhalten Sie auf der Website der Reithalle *www.reitschule.ch* (Links anklicken).

Dampfzentrale
Jazzliebhaber und Fans der Improvisationsmusik kommen hier voll auf ihre Kosten, und auch Tanzbegeisterte fühlen sich hier wohl. Als vielseitiger Veranstaltungsort ist die Dampfzentrale aus Berns Nachtleben sowieso nicht mehr wegzudenken. *Marzilistr. 47, Tel. 031/311 63 37, www.dampfzentrale.ch*

Stilvollen Luxus bietet das Hotel Bellevue Palace in Bern

Reithalle
Das einst umstrittene Objekt der Besetzerszene hat sich als alternativer Treffpunkt für unterschiedliche Leute etabliert – ob auf ein Bier im Unter- oder auf eine Party im Dachgeschoss. *Neubrückstr. 8, Tel. 031/306 69 69, www.reitschule.ch*

AUSKUNFT

Bern Tourismus
Im Sommer tgl. 9–20.30 Uhr, im Winter Mo–Sa 9–18.30, So 10–17 Uhr, im Bahnhof, Tel. 031/ 328 12 12, Fax 312 12 33, www.berntourismus.ch

Bern-Card
Besuchern empfiehlt sich der Kauf einer *Bern-Card.* Mit dieser Karte können Sie die städtischen Verkehrsmittel für einen, zwei oder drei Tage nutzen. Zudem berechtigt die Karte in vielen Museen zu freiem oder ermäßigtem Eintritt. Erhältlich beim Tourismusbüro. *Preise: 10, 13.50 und 17 Franken*

ZIELE IN DER UMGEBUNG

Aareschlucht **[119 F6]**
Bei Meiringen, auf dem Weg vom Brienzer See zum Grimselpass, verschließt eine natürliche Sperre das Tal. Die Aare hat diese jedoch mit einer 200 m tiefen und 1,4 km langen, eindrucksvollen Schlucht durchbrochen. Von April bis November ist diese auf einem schmalen Holzsteg zugänglich und im Juli und August ab 21 Uhr sogar beleuchtet. *www.aareschlucht.ch*

Ballenberg **[119 F6]**
★ Auf dem Ballenberg, ein paar Kilometer östlich von Brienz am gleichnamigen See, ist auf einem weitläufigen Gelände das *Schweizerische Freilichtmuseum* entstanden. Häuser und Anwesen der verschiedenen Kantone sind hier nachgebaut, in denen – dem Prinzip eines »lebendigen« Museums folgend – Korbmacher und Töpferinnen, Bäcker und Weberinnen ihrem alten Handwerk nachgehen. Es gibt eine alte Schmiede, eine Käserei, einen Kohlenmeiler und einen historischen Frisiersalon. Eingänge befinden sich bei den Orten *Hofstetten* und *Brienzwiler. April–Okt. tgl. 10–17 Uhr, Tel. 033/952 10 30, www.ballenberg.ch*

Biel (Bienne) **[118 C4]**
In dieser Stadt fällt das sympathische »Durcheinander« der Sprachen auf. Ein Drittel der Bevölkerung spricht Französisch, der Rest Schweizerdeutsch. In Biel, das einem malerischen See seinen Namen gibt, ist besonders die Altstadt einen Besuch wert. In ihrem Zentrum findet man den *Ring,* einen von mittelalterlichen Gebäuden umstandenen Platz. Und spätestens an der Ring-Ostecke, bei dem Treppengiebelbau des *Zunfthauses zu Waldleuten* aus dem 16. Jh., glaubt man, dass die Zeit stehen geblieben ist. Doch das täuscht. Denn Biel ist eine moderne Industrie- und Handelsstadt, in der beides möglich ist: Pflege der Traditionen und Geschäftigkeit der Gegenwart. Wie um dieses Miteinander zu belegen, haben die Bieler ihr 1961 bis 1966 erbautes *Kongresshaus* zum Wahrzeichen erhoben. Es gibt viele nette Gaststätten, und im *Paradisli (Mo, Di geschl., Seevorstadt 19, Tel. 032/322 28 60, €€),* dem Restaurant im ehemaligen Haus des

Müßiggang am Bieler See

Clowns Grock, werden Bilder zeitgenössischer Künstler gezeigt. Auskunft: *Regionales Verkehrsbüro, Bahnhofsplatz 12, Tel. 032/ 329 84 84, www.biel-seeland.net*

La Chaux-de-Fonds **[118 B4]**

★ Die Stadt im Neuenburger Jura hat den Ruf der Schweiz als Land der Uhrenmacher begründet. Hier haben alle mal angefangen, die heute noch den Edeluhrenmarkt beherrschen: Audemars, Piguet, Breguet usw. Besichtigenswert ist deshalb auch das Uhrenmuseum: *Musée d'Horlogerie (Di–So 10–17, Rue des Musées 29, www.mih.ch)*. Das Museum zeigt mehr als 3000 Schaustücke und eine Multivisionsschau zur Geschichte der Uhrenfertigung. 1794 wurde die Stadt bei einem Großbrand zerstört und danach mit rechtwinkligem Straßensystem wieder aufgebaut. Sie ist auch Geburtsort des Autokonstrukteurs Chevrolet und des berühmten Architekten Le Corbusier. Das Tourismusbüro bietet verschiedene interessante Stadtwanderungen an. Danach sollten Sie unbedingt im *Café du Petit Paris* einkehren. Der Küchenchef hat sein Handwerk u. a. bei Paul Bocuse verfeinert *(Rue du Progrès 4, Tel. 032/968 65 33, €€)*. Auskunft: *Office du Tourisme, Espacité 1, Tel. 032/919 68 95, www.chaux-de-fonds.ch*

Emmental **[119 D–E5]**

Irgendwie sind die Touristenströme an diesem Tal, das in aller Welt wegen seines Käses bekannt ist, vorbeigezogen. Oft wird der Emmentaler in Unkenntnis der Vielfalt schweizerischer Molkereiprodukte als *der* Schweizer Käse bezeichnet. Aber das Emmental? Nie gehört! Es liegt nur wenige Kilometer östlich von Bern und lockt mit unverbrauchter Natur und erholsamer Einsamkeit. Mehr als die Hälfte des Tals wird landwirtschaftlich genutzt. Früher produzierten 200 Dorfkäsereien jährlich 10 000 t Emmentaler. Heute kommt dem Gewerbe sowie dem Industrie- und Dienstleistungssektor eine steigende Bedeutung zu. Wenn Sie im Emmental wandern (in Langnau gibt's eine *Jugendherberge, Mooseggstr. 32, Tel. 034/402 45 26)*, kann es passieren, dass Sie Männern begegnen, die hölzerne Schindeln an langen Stecken durch die Luft werfen. Sie versuchen, eine fliegende Kugel aufzuhalten, die eine gegnerische Mannschaft abgeschossen hat. Das Ganze ist ein nur im Emmental verbreitetes Spiel. Man nennt es Hornussen. Auskünfte übers Emmental:

Pro Emmental, Schlossstr. 3, Langnau, Tel. 034/402 42 52, www.emmental.ch

Fribourg **[118 C6]**
Sie weinen beim Lachen. Und sie können auch noch bei Trauer ein bisschen Fröhlichkeit zeigen. Die Menschen in Fribourg haben dies zuletzt im Herbst 1991 bewiesen, als sie einen der ihren zu Grabe trugen: Jean Tinguely, den Maler, Bildhauer und Maschinenbauer. Mit einem wahren Volksfest würdigten die Freiburger, wie sie auf Grund des hohen Anteils Deutsch sprechender Einwohner auch genannt werden, ihren Meister. Zum Leidwesen der Fribourger wurde in Basel 1996 ein pompöses Tinguely-Museum eingeweiht, das einen Teil des Nachlasses beherbergt. In Fribourg kann man sich mit einem Besuch des vorzüglichen *Musée d'Art et d'Histoire (Di–So 11–18, Do 11 bis 20 Uhr, Tel. 026/305 51 67, Rue de Morat 12, Nähe Liebfrauenplatz)* trösten, in dem 1998 ein Espace Jean Tinguely und Niki de Saint Phalle eingerichtet wurde. Oder mit einem Besuch im Kulturzentrum *Fri-Son (Route de la Fonderie 13, Tel. 026/424 36 25, www.fri-son.ch)*, das Anfang der 1980er-Jahre gegründet wurde und weit über die Stadtgrenze hinaus bekannt ist – in erster Linie dank eines hochkarätigen Konzertprogramms. Nicht nur für die Konzertgänger ist die Bar ein Treffpunkt. Auskunft: *Fribourg Tourisme, Avenue de la Gare 1, Tel. 026/350 11 11, www.fribourgtourisme.ch*

Gruyères (Greyerz) **[123 E3]**
Von hier kommt einer der weltberühmten Schweizer Hartkäse: der Greyerzer oder französisch Gruyère. Das Städtchen Greyerz thront schon von weitem sichtbar auf einem Höhenrücken. Auf dem höchsten Punkt der befestigten Stadt, auf einem Felssporn, steht das Schloss Château St-Germain der ehemaligen Grafen von Greyerz. Seit 1998 sind in diesem Schloss die Werke des Schweizer Künstlers H. R. Giger ausgestellt. Seine Kunst ist aber keine leichte Kost, sie hat etwas Beklemmendes. Wer's also traditioneller mag, kann sich im Burgundersaal die drei Chormäntel der Ritter vom Goldenen Vlies aus dem 15. Jh. oder die illustrierte Geschichte der Grafen von Greyerz anschauen. In der Nähe von Greyerz, in *Pringy*, gibt's die Schaukäserei *Maison du Gruyère*, wo Sie die Herstellung der 35 kg schweren Greyerzer-Laibe beobachten können. Die Käseherstellung in einer traditionellen Alpkäserei können Sie 6 km südwestlich von Greyerz, in *Moléson-sur-Gruyères*, verfolgen. Die Käserei ist in einem typischen Chalet aus dem 17. Jh. untergebracht *(Mitte Mai bis Mitte Okt. tgl. 9.30–19 Uhr, zweimal tgl. wird gekäst: 9.45 und 14.45 Uhr)*. Auskunft: *Office du Tourisme, 1663 Gruyères, Tel. 026/921 10 30, www.gruyeres.ch*

Gstaad **[124 A3]**
Das ist im Winter die Glitzerwelt, der Schickeria-Gegenpol zu St. Moritz. Hier hat Liz Taylor ihr Chalet, hier fährt Ex-»007« Sean Connery die Pisten runter. Seit die Hauptstraße 1998 zur autofreien Promenade umgebaut wurde, stellt auch das hohe Verkehrsaufkommen keine Beeinträchtigung für den Flaneur mehr dar. Betonburgen und Mammuthotels hat die strenge Ber-

Wie ein prächtiges Schloss thront das Hotel Gstaad Palace über dem Ort

ner Bauordnung ohnehin verhindert, sodass der Ausblick über die Chalets idyllisch ist. Er geht auf die eher »flache« Bergwelt von Wasserngrat (1936 m), Lauenenhorn (2477 m) und Giferspitz (2542 m). Schon im 7 km entfernten *Lauenen*, einem Dorf mit sehenswerter Kirche, ist der Flitterglitter Gstaads schon vergessen. Auskunft: *Tourismusverband, Promenade, Tel. 033/ 748 81 81, www.gstaad.ch*

Interlaken **[124 B2]**
Die Stadt ist die Eingangspforte zur atemberaubenden Bergwelt des Berner Oberlands mit der majestätischen Pracht des Gipfeldreigestirns Eiger, Mönch und Jungfrau, alle um 4000 m hoch. Interlaken, wie der Name sagt, zwischen zwei Seen, nämlich dem Brienzer und dem Thuner See, gelegen, ist seit fast 200 Jahren schon ein mondäner Wintersportort. Im *Mysterypark* – einem Projekt des umstrittenen Bestsellerautors Erich von Däniken – können Sie sich multimedial in die Geheimnisse der Welt vertiefen *(tgl. 10–18 Uhr, Eintritt 48 Franken, Obere Bönigstr. 100)*. Und im Nachbarort *Unterseen* gibt es ein interessantes *Touristik-Museum (Mitte Mai–Mitte Okt. Di–So 14–17 Uhr)*. Auskunft: *Interlaken Tourismus, Tel. 033/826 53 00, www.interlakentourism. ch*

Jungfrau-Region **[124 C3]**
An dieser Stelle des Berner Oberlands prallen die Superlative nur so aufeinander. Im Mittelpunkt die ★ *Eiger-Nordwand*, immer wieder Herausforderung für Bergsteiger. Vor und nach der Erstbesteigung im Jahr 1938 durch eine deutsch-österreichische Seilschaft haben über 50 Menschen an der »Nordwand« ihr Leben gelassen. Superlativ zwei: die *Jungfraujoch-Bahn*. Besonders die Amerikaner und Japaner lieben den höchsten Bahnhof (3454 m) auf dem *Jungfraujoch* (3475 m), von dem aus man eine prächtige Aussicht über den mächtigen Aletschgletscher genießt. Von der Zwischenstation *Eigerwand* (2866 m) kann man noch einmal einen Blick auf die mörderische Wand werfen, bis der Zug hinunter zum Bahnhof *Grindelwald* (1034 m) zuckelt. Wer auf die Rei-

Traumblick von Grindelwald

sekasse Rücksicht nehmen muss, kann mit der Jungfraujoch-Bahn von Grindelwald zur Station *Eigergletscher* (2300 m) fahren, am Fuß der Eiger-Nordwand entlang zur Station *Alpiglen* (1600 m) wandern (2–3 Std.) und von dort mit der Bahn zurück nach Grindelwald fahren. Das ist der größte Touristenort der Gegend, nicht der bekannteste. Dieser Titel gebührt dem autofreien Wengen, schon wegen der »Lauberhorn-Abfahrt«, einem der berühmtesten Rennen im internationalen Skizirkus. Auskunft: *Verkehrsbüro Wengen, Tel. 033/855 14 14, www.wengen.ch*

Jura

Der Jura ist ein Höhenzug zwischen Genf und Basel entlang der französischen Grenze und bekannt für die Schönheit seiner schroffen Kalkfelsen und weiten Hochebenen. Auf den sanften Hügeln werden die Freiberger Pferde gezüchtet, eine widerstandsfähige Rasse, die es dort auch braucht, denn in La Brévine **[118 A5]** werden mit bis zu 40 Grad minus die tiefsten Temperaturen der Schweiz gemessen. Der Jura wird nördlich teils durch den in einer Schlucht fließenden Doubs begrenzt, umfasst aber auch Gebiete der Kantone Waadt, Neuenburg und Bern sowie den Kanton Jura mit seinem schönen Hauptort Delémont **[119 D3]**. Basler Bischöfe gründeten ihn im 13. Jh. Für Wanderer, die von hier aus in den Jura starten wollen, gibt es eine Jugendherberge *(Route de Bâle 185, Tel. 032/422 20 54)*. Auskunft: *Jura Tourisme, Place du 23 Juin 6, 2350 Saignelégier, Tel. 032/952 19 52, www.juratourisme.ch*

Neuchâtel (Neuenburg) [118 B5]

Hier hat die Schweizer Pünktlichkeit ihr Zentrum. In einem »Zeittresor« wird die Zeit auf den Sekundenbruchteil genau gemessen. Die Stadt, die häufig auch bei ihrem deutschen Namen Neuenburg genannt wird, liegt am größten ganz auf Schweizer Gebiet befindlichen See. Besonders die Kais am Hafen lohnen einen Bummel. Dort findet man auch das Hotel *Beaulac (81 Zi., Esplanade L. Robert 2, Tel. 032/723 11 11, Fax 725 60 35, www.beaulac.ch, €€)*. Auskunft: *Office du Tourisme, Hôtel des Postes, Tel. 032/889 68 90, Fax 889 62 96, www.neuchateltourisme.ch*

Le Noirmont [118 B4]

Zwischen La Chaux-de-Fonds und Delémont und unweit von Saignelégier gibt es ein ehemaliges Bahnhofsbüfett, das heute zu den besten Essadressen des Landes gehört. Zu Georges Wenger ins *De la Gare* in Le Noirmont in den Freibergen pilgert inzwischen die ganze Schweiz. Seine regionale Küche ist hervorragend. *Rue de la Gare 2, Tel. 032/957 66 33, Mo/Di geschl., www.georges-wenger.ch,* €€€

Porrentruy (Pruntrut) **[118 C3]**
★ Das 1283 von den Basler Fürstbischöfen gegründete Städtchen liegt mitten in der Ajoie im Kanton Jura und ist ein guter Standort für Ausflüge in die Umgebung. Sehenswert ist das *Hôtel-Dieu*, das frühere Spital, in dem heute ein Museum untergebracht ist. Erwähnenswert sind ein Meisterwerk der Kunstschreinerei des 19. Jhs., die alte Apotheke des Spitals und Kirchenschmuck aus dem 15. Jh. Im ehemaligen *bischöflichen Palais*, das heute eine Schule beherbergt, ist ein Foucaultsches Pendel ausgestellt, mit dem sich die Drehung der Erde demonstrieren lässt. Von hier aus können Sie einen Ausflug zu den Grotten von Réclère, zum Préhisto-Parc (siehe »Mit Kindern reisen«) und ins Städtchen St. Ursanne machen. Der alte Ort im Doubstal hat sich seit Anfang des 19. Jhs. kaum verändert. Auskunft: *Jura Tourisme, Hôtel-Dieu, 2900 Porrentruy, Tel. 032/466 59 59, Fax 466 50 43, www.juratourisme.ch*

Schilthorn **[124 B3]**
Als Alternative zum Jungfraujoch bietet sich ein Ausflug auf das Schilthorn an. Die Aussicht auf die vereisten Viertausender ist grandios. Spätestens seit James Bond in dem Film »Im Geheimdienst Ihrer Majestät« hier den Bösewicht Bloefeld jagte, ist der 2970 m hohe Gipfel mit Drehrestaurant und 360-Grad-Panoramasicht als »Piz Gloria« weltberühmt. Die Luftseilbahn können Sie von der Talstation Stechelberg oder der Zwischenstation Mürren nehmen. Legen Sie in Mürren einen Halt ein. Das autofreie Dorf mit seinen Chalets liegt auf einer schönen Bergterrasse über dem Lauterbrunnental. Auskunft: *Schilthorn, 3825 Mürren, Tel. 033/856 21 41, www.schilthorn.ch*

Die würzige Idee

Maggi – ein Produkt entzweit das Land

Es ist nicht überliefert, ob Julius Michael Johannes Maggi, 1846 als fünftes von sechs Kindern im Kanton Thurgau geboren, als Kind ein Suppenkasper war. Als Erwachsener entwickelte er jedenfalls ein Herz für Suppenesser. Er erfand die Maggi-Würze, die noch heute, nach über 100 Jahren, die Genießer entzweit. Die einen halten die braune Mischung in der von Anbeginn an gleichen eckigen Flasche mit dem gelbroten Etikett für einen Angriff auf die Geschmacksnerven. Die anderen schwören auf das Gebräu, das so süchtig machend nach Liebstöckel schmeckt und doch nur aus dem Eiweiß von Erdnuss, Mais und Weizen besteht.

POSTCARDS

Vom Genfer See bis zum Matterhorn

Mehr Sprachen als in Genf spricht man auch bei den Vereinten Nationen nicht: Wo die Schweiz wirklich am internationalsten ist

Irgendwie hat es die Schweizer immer schon geärgert, dass die gebogene Banane des Lac Léman, wie der Genfer See auf Französisch heißt, nicht gänzlich zu ihrem Staatsgebiet gehört. Wie um sich dafür zu rächen, installierten sie gegenüber der französischen Südseite, die einen eher dörflichen Charakter hat, das vielleicht weltläufigste Gebiet des ganzen Landes: Montreux, Lausanne und Genf werden von Touristen aus aller Welt bereist, geben sich international, tolerant, genussreich und manchmal – denkt man an das spröde Bern – geradezu verrucht ausgelassen. Und der See selbst? Er strahlt zu jeder Tages- und Nachtzeit eine Schönheit aus, die Dichter zu allen Zeiten schon zu lyrischen Versen verführte. Dichter wie den Engländer Lord Byron, der sich zum »Sonett an den Genfer See« inspirieren ließ: »Du See der Schönheit, die Begeisterung für/Unsterblichkeit und jene tiefe Glut,/die selbst den Hauch des Ruhms verkörpert hier.«

Zermatt: Von der Station Gornergrat hat man den schönsten Blick aufs Matterhorn

Straßencafé in Genf

GENF

Karte auf Seite 129

[122 B4] Der erste Blick fällt auf den *jet d'eau*, die riesige Wasserfontäne auf dem Genfer See: 140 m schießt hier das Wasser in den Himmel. Es ist ganz so, als sollte die Fontäne ständig zeigen, wie aktiv dieses Genf (180 000 Ew.) ist. Und tatsächlich fällt der zweite Blick auf die Geschäftsleute, die den Motor Genf am Laufen halten. Genf geschäftlich – das ist zuerst einmal ein aktives Bankenwesen mit einer Effektenbörse und unzähligen Bankhäusern. Es wird durch Industrie und Handel gestützt. Die große Bedeutung Genfs im Schweizer Wirtschaftsleben unterstreichen vor Ort

Sporthafen Jetée des Eaux Vives am Südostufer der Genfer Reede

die Uhrenfabrikation, die Schmuckwarenherstellung, die Präzisionsapparate-, Nähmaschinen- und Motorenindustrie. Rau mag da das internationale Verhandlungsklima sein; das des Wetters ist es nicht. Die Nähe des Sees sorgt für Milde. Die Durchschnittstemperaturen sind während des ganzen Jahres über Null. Und wenn es denn Schnee gibt, dann fegt er nur dünn wie Puderzucker durch die Straßen. Zwei besondere Winde kennt man in Genf: den *Bise,* einen trockenen Nordost, und den *Vent,* ein warmes, föhnartiges Lüftchen. Beide sind auf den Brücken über die aus dem See abfließende Rhône besonders zu spüren.

SEHENSWERTES

Insider Tipp

Bains des Pâquis

In dieser aus den 1930er-Jahren stammenden, durch Volksabstimmung geretteten und von einem Kollektiv geführten »Badanstalt« trifft sich vom Büromenschen bis zum Freak alles, was am Superfrühstück mit »Müesli« und Marmeladenbroten seine Freude hat. Auch über Mittag werden günstige Menüs angeboten. Sonnenbaden und Schwimmen gehört natürlich auch dazu. Symbolischer Eintritt: 2 Franken! *Mitte April–Mitte Sept. 9–20 Uhr, Quai Mont-Blanc 30, Tel. 022/ 732 29 74, www.bains-des-paquis.ch*

Cathédrale de St-Pierre

Die sehenswerte dreischiffige Basilika, im 12. Jh. begonnen und erst im 18. Jh. mit einer neuen Fassade vollendet, am höchsten Punkt der Altstadt, sollten Sie auch deshalb ansteuern, weil Sie vom Nordturm aus einen besonders schönen Blick über Berge, See und Stadt haben (Achtung: 150 Stufen!).

Hôtel de Ville

Im Rathaus wurde 1864 die Genfer Konvention, das erste Abkommen des Internationalen Roten Kreuzes, unterschrieben. Im Renaissance-Innenhof finden im Sommer beliebte Konzerte statt. *Rue de l'Hôtel de Ville*

Palais des Nations

Der Palast der Nationen – mit seiner berühmten Planetenringkugel aus Bronze als Symbol der Völkerfreundschaft – dient heute der Uno als europäische Zentrale. *Besichtigung April–Okt. tgl. 10–12, 14–16, Juli/Aug. 10–17, Nov.–März Mo–Fr*

10–12, 14–16 Uhr, Tel. 022/ 917 12 34, Avenue de la Paix 14

Insider Tipp

Parc des Bastions
In diesem Schmuckstück von Park inmitten der Stadt lässt sich's gut verweilen. Da stören auch die strengen Blicke der vier Reformatoren *(Mur des Réformateurs)* nicht. Besonders am Sonntagnachmittag ist hier viel los. *Place Neuve*

Quais rund um das Seebecken
Der Spaziergang vom *Parc des Eaux-Vives* am linken Seeufer über den *Pont Mont Blanc* und den gleichnamigen Quai mit den großartigen Hotelpalästen bis zum *Parc Mon Repos* am rechten Ufer bietet grandiose Blicke auf Stadt, Springbrunnen, die Alpen und den *Montblanc,* den höchsten Berg Europas.

MUSEEN

Musée d'art moderne et contemporain
Wer sich für Gegenwartskunst interessiert, ist im *Mamco*, wie das Museum in seiner Kurzform genannt wird, am richtigen Ort. Dieser Tempel für Gegenwartskunst in einer umfunktionierten Fabrik mitten in der Stadt gehört zu den besten und eindrucksvollsten Kunstmuseen der Schweiz. *Di–Fr 12-18, Sa/So 11–18 Uhr, Rue des Vieux-Grenadiers 10, www.mamco.ch*

Musée international de la Croix-Rouge et du Croissant-Rouge
Es ist kein leichtes Unterfangen, die Geschichte der Genfer Konvention und der 1864 von Henri Dunant ins Leben gerufenen humanitären Organisation *Internationales Rotes Kreuz* spannend darzustellen. Diesem kleinen Museum ist es aber definitiv gelungen. *Mi–Mo 10–17 Uhr, Avenue de la Paix 17*

Musée d'Ethnographie
Zeugnisse fremder Kulturen aus allen fünf Erdteilen – sucht seinesgleichen in ganz Europa. *Di–So 10–17 Uhr, Boulevard Carl-Vogt 65*

Musée Patek Philippe

Insider Tipp

Ein Muss für alle Uhrenliebhaber. Im Museum der Genfer Uhrenmanufaktur sind bedeutende Uhren

MARCO POLO Highlights »Genf/Westschweiz/Wallis«

★ **Matterhorn**
Der Berg ist das Schweizer Wahrzeichen schlechthin (Seite 46)

★ **La Grappe d'Or**
Chaplins Lieblingsrestaurant liegt in der Altstadt von Lausanne (Seite 45)

★ **Wasserschloss Chillon**
Am Genfer See liegt eine der schönsten Burgen der Schweiz (Seite 46)

★ **Collection de l'art brut**
Eindrucksvolle Kunstsammlung der besonderen Art in Lausanne (Seite 44)

von 1839 bis heute ausgestellt. *Di bis Fr 14–17, Sa 10–17 Uhr, Rue des Vieux-Grenadiers 7*

ESSEN & TRINKEN

Obwohl von Frankreich mit seiner köstlichen Küche umzingelt, haben sich auch in Genf mehr als eine Handvoll Spitzenköche niedergelassen, die Umgebung am See nicht mitgerechnet, wo es in den Dörfern nur so von Gourmetoasen wimmelt.

Armures
In diesem gemütlichen Hotelrestaurant bekommt man Walliser Spezialitäten, auch Raclette, wie es sein soll: vom großen Käserad. *Rue Puits-St-Pierre 1, Tel. 022/310 34 42,* **€€**

Buffet de la Gare des Eaux-Vives
Dieses ehemalige Bahnhofsbüfett in einem lebendigen Genfer Quartier lohnt einen Umweg. Feine französische Gerichte zu angenehmen Preisen. Im Sommer lockt eine schöne Terrasse. *Sa/So geschl., Av. de la Gare des Eaux-Vives 9, Tel. 022/840 44 30,* **€€**

Café-Crêperie Saint-Pierre
Direkt neben der Kathedrale befindet sich diese kleine, feine Crêperie. Gutes Preis-Leistungs-Verhältnis. Bei schönem Wetter ist die Terrasse offen. *Place de la Taconnerie 6, Tel. 022/310 09 76,* **€**

L'Echalotte
Vis-a-vis vom Friedhof, wo Calvin ruht, treffen sich Einheimische und Kunstschaffende, um zu debattieren und die gute Küche zu genießen. *Sa/So geschl., Rue des Rois 17, Tel. 022/320 59 99,* **€**

Aux Halles de l'Île
Bistro- und Brasseriespezialitäten in den ehemaligen Markthallen auf der Rhône-Insel. Immer freitags und samstags Jazzkonzerte. *Sa mittags und So geschl., Place de l'Île 1, Tel. 022/311 52 21,* **€€**

Parc des Eaux-Vives
Man kann hier vorzüglich speisen – ja, das auch, z. B. ein Cassoulet von Jakobsmuscheln und Kaviar. Aber vor allem darf man sich auf ein wunderbares Ambiente freuen. Man sitzt im herrlichsten Park von Genf und hat auch im Winter durch die hohen Fenster einen Blick darauf. *Mo geschl., Quai G. Ador 82, Tel. 022/735 41 40,* **€€€**

EINKAUFEN

Genf ist ein Einkaufsparadies – vor allem für die potente internationale Kundschaft. Aber es sind auch schöne Kleinode zu entdecken.

Marché aux puces/Flohmarkt
International sind die Händler, umfassend das Angebot auf der großen Wiese mitten in der Stadt. *Mi und Sa 8–16 Uhr, Plaine de Plainpalais*

Rues Basses
Unterhalb der sehenswerten *Vieille Ville,* der Altstadt, schließt sich das exklusive, kosmopolitische Handels- und Einkaufsviertel an mit der *Rue du Rhône* als zentraler Achse.

ÜBERNACHTEN

Das Angebot ist weltstädtisch. Es reicht vom Luxushotel bis zur einfachen Absteige. Bei der Hotelreservierung hilft *Geneva Tourisme* *(siehe »Auskunft«).*

Bel Espérance
Dieses Hotel befindet sich in ruhiger Lage in der Altstadt. Die Aussicht von der schönen Dachterrasse ist herrlich. *38 Zi., Rue de la Vallée 1, Tel. 022/818 37 37, Fax 818 37 73, www.hotel-bel-esperance.ch,* €

Cornavin
Tim-&-Struppi-Fans sollten keinesfalls auf einen Aufenthalt in diesem Hotel, das im Band »Der Fall Bienlein« verewigt wurde, verzichten. Die Lage am Bahnhof ist ideal. *169 Zi., Blvd. James-Fazy 33/Place Cornavin-Gare, Tel. 022/716 12 12, Fax 716 12 00, cornavin@fhotels.ch,* €€–€€€

Longemalle
Drei-Sterne-Haus mit prächtigem Speisesaal aus der Belle Époque. *58 Zi., Place Longemalle 13, Tel. 022/818 62 62, Fax 818 62 61, www.longemalle.ch,* €€–€€€

AM ABEND

Griffin's Club
Die begehrte Disko ist eigentlich nur Mitgliedern zugänglich. Doch es gibt einen Trick: Speisen Sie vorher im dazugehörigen *Le Griffin's Café*, dann wird man Sie nach Öffnung der Nachtclubpforten auch dort einlassen. *Café ab 20, Club ab 23 Uhr, Blvd. Helvétique 36, Tel. 022/735 12 18*

L'Usine
Insider Tipp
Im Genfer Kulturzentrum ist immer was los: Konzerte, Theater, Off-Kino und unglaubliche Tanzhappenings. *Place des Volontaires 4, www.usine.ch*

AUSKUNFT

Geneva Tourism
18, Rue du Mont-Blanc, 1201 Genf, Tel. 022/909 70 00, Fax 909 70 11, www.geneva-tourism.ch

Die Altstadt von Genf ist ein gutes Pflaster für Nachtschwärmer

Lausanne: Südportal Notre Dame

LAUSANNE

[122 C3] Die Hauptstadt (126 000 Ew.) des Waadtlands hat einen zentralen Platz, auf dem sich alles trifft, zumal die Jugend, die das Stadtbild prägt: *la Place St-François.* Mitten in der größtenteils autofreien Altstadt ist er Zentrum des Geschäftslebens, aber auch Flaniermeile mit zahlreichen Straßencafés. Über dem Platz erhebt sich die *Kirche St-François,* Überrest eines Franziskanerklosters aus dem 13. Jh. Der sehenswertere Sakralbau ist die *Cathédrale Notre-Dame,* die man über die überdachten Markttreppen erreicht. In dem Bau, dessen Grundstein 1173 gelegt wurde, ist im südlichen Querschiff besonders die *Fensterrose* aus dem 13. Jh. sehenswert. Lausanne blickt von einem Hügel auf den Genfer See hinab. Deshalb muss man hinuntersteigen nach *Lausanne-Ouchy,* um an die Uferpromenade zu gelangen. Man kann die Métro nehmen, die übrigens die einzige in der Schweiz und doch nur eine gemächliche Zahnradbahn unter der Erde ist. Ouchy ist ein gemütlicher, kleiner Ort zum Bummeln. Man blickt auf Segelboote und die Savoyer Alpen, und es geht sehr südländisch zu.

MUSEEN

Collection de l'art brut

★ Dieses Museum »roher Kunst« dürfen Sie nicht verpassen. Grundstein der ungewöhnlichen Sammlung ist eine Schenkung des Malers Jean Dubuffet. Heute befinden sich mehr als 10 000 künstlerische Werke von Sonderlingen, Schizophrenen, Häftlingen und Einzelgängern im Besitz des Museums. Berühmte Namen sind Adolf Wölfli, Aloïse und Louis Soutter. *Di–So 11–18 Uhr, Av. des Bergières 11*

Musée Olympique

In diesem Museum steht die Geschichte der olympischen Bewegung und der Olympischen Spiele im Zentrum. Ebenso das Leben des Begründers des modernen olympischen Gedankens, Baron Pierre de Coubertin, der 1937 in Genf starb. *Mai–Sept. tgl. 9–18, Okt.–April Mo geschl., Quai d'Ouchy 1*

ESSEN & TRINKEN

Buffet de la Gare

Im Bahnhofsbüfett der 1. Klasse mit hundertjähriger Vergangenheit essen Sie gut und preiswert. *Tgl., Place de la Gare 11, Tel. 021/311 49 00, €*

La Grappe d'Or

★ Einen Hauch von Asien lässt Peter Baermann in seinem Altstadtlokal durch die Küche wehen. Über mangelnden Zuspruch kann sich der Patron nicht beschweren – auch von prominenter Seite nicht: Charlie Chaplin war Stammgast. *Sa/So geschl., Cheneau-de-Bourg 3, Tel. 021/323 07 60, €€€*

ÜBERNACHTEN

Beau-Rivage Palace

Dieser traumhafte 5-Sterne-Hotelpalast liegt direkt am Genfer See in Ouchy. *Place du Port 17, Tel. 021/613 33 33, Fax 613 33 34, www.beau-rivage-palace.ch, €€€*

Voyageurs

Einfaches, gepflegtes Hotel im Stadtzentrum in der Fußgängerzone. *Rue Grand St. Jean 19, Tel. 021/319 91 11, Fax 319 91 12, www.voyageurs.ch, €–€€*

AUSKUNFT

Lausanne Tourisme

Av. de Rhodanie 2, Tel. 021/613 73 73, www.lausanne-tourisme.ch; Zweigstellen am *Hauptbahnhof (Place de la Gare 9)* und in *Ouchy*

ZIELE IN DER UMGEBUNG

Montreux **[123 D3]**

Ein Hauch von Fin de Siècle weht noch durch die ca. 30 km südöstlich von Lausanne gelegene Stadt. Die Wende zum 20. Jh. scheint in Montreux (20 000 Ew.) wieder lebendig zu werden, wenn man die Hotelpaläste an der Uferpromenade in diesem Teil des »Waadtländische Riviera« genannten Seeufers betrachtet. Der schönste von allen ist das *Le Montreux Palace (215 Zi., 20 Suiten, Grand-Rue 100, Tel. 021/962 12 12, Fax 962 17 17, www.montreux.ch/montreux-palace, €€€)*. Von den Zimmern ist der Blick auf den See und die Berge wunderschön. Die *Jugendherberge* in *Montreux-Territet (Passage de l'Auberge 8, Tel. 021/963 49 34, Fax 963 27 29)* ist einmal im Jahr überfüllt, wenn wegen des Internationalen Jazzfestivals Europas Jugend nach Montreux strömt *(www.montreuxjazz.com)*. Auskunft: *Office de Tourisme, Rue du Théâtre 5, Tel. 021/962 84 84, Fax 963 81 13, www.montreux.ch*

Montreux bietet sich als Ausgangspunkt für Ausflüge an, z. B. mit der Zahnradbahn auf den Hausberg, den *Rochers de Naye*. Insider Tipp Die Aussicht vom 2000 m hohen Gipfel ist traumhaft. Sie überblicken den See, die Berner, Walliser und Savoyer Alpen mit Montblanc-Massiv und den Jura. Auf halber Höhe, in Caux, sollten Sie den *Alpingarten La Rambertia (Juni–Okt. tgl. 10–16 Uhr)* besuchen. Eine Fülle von Alpenblumen und -pflanzen ist in diesem höchstgelegenen Schaugarten Europas zu sehen und zu riechen. Im Frühling ist ein Ausflug besonders schön, dann sind die Wiesen voll blühender Narzissen. Noch mehr Blumen finden Sie auf dem schönsten Blumenweg, der sich am Ufer des Genfer Sees von Vevey nach Villeneuve entlangschlängelt. Wenn Sie in Montreux wohnen, haben Sie schon den halben Weg hinter sich. Beim Verkehrsbüro kön-

Wasserschloss Chillon

nen Sie ein Busticket *Chemin fleuri* kaufen und damit Teile des 10 km langen Weges per Bus zurücklegen. Auf der Wegstrecke liegt (3 km von Montreux) das ★ *Wasserschloss Chillon*. Der ehemalige Sitz der Savoyer Grafen mit Türmen und doppelter Mauer ist die wohl schönste mittelalterliche Burg der Schweiz. *April–Sept. tgl. 9–18, März/Okt. 9.30–17, Nov.–Feb. 10–16 Uhr, Av. de Chillon 21, Veytaux, Tel. 021/ 966 89 10, www.chillon.ch*

Insider Tipp **Romainmôtier** **[122 C2]**

Der Charme des kleinen Waadtländer Städtchens (25 km nördlich von Lausanne) inmitten von Buchenwäldern ist einnehmend. Herzstück ist die romanische Abteikirche, die einst zu einem bedeutenden Kloster gehörte. Der Legende nach geht die Gründung auf die Wandermönche Romanus und Lupinus zurück. Sie sollen sich im 5. Jh. im abgelegenen Nozon-Tal niedergelassen haben. Urkundlich erwähnt wurden die Mönche von Romainmôtier ein Jahrhundert später. Damit darf die Waadtländer Gründung als früheste klösterliche Niederlassung auf dem Gebiet der heutigen Schweiz betrachtet werden. Im 10. Jh. gelangte das Kloster in die Abhängigkeit von Cluny. Es gedieh kräftig, bis mit der Reformation der Stern zu sinken begann. 1536 wurde das Kloster aufgehoben. Heute zählt es zu den wichtigen Denkmälern der burgundischen Epoche. Besonders die Wandgemälde gehören zu den sehenswertesten der Schweiz *(Mo–Sa 9–12, 13.30–18, So 13.30–18 Uhr)*. Auskunft: *Association touristique de Romainmôtier, La Porterie, 1323 Romainmôtier, Tel. 024/453 14 65, www.romainmotier.ch/tourisme/*

ZERMATT

[124 B5] Die ersten Touristen, die das Bergdorf im Kanton Wallis im 18. Jh. besuchten, kamen nicht, um das ★ *Matterhorn* zu bewundern, sondern um Alpenkräuter zu sammeln, die an den sonnigen Hängen auf 1600 m Höhe hervorragend gediehen. Heute ist der autofreie Ferienort Zermatt (5500 Ew.) dank des Matterhorns (4478 m) weltberühmt. Im Winter laden 194 km Pisten zum Skifahren ein, im Sommer rund 20 km auf dem *Klein Matterhorn*. Den schönsten Blick auf das Matterhorn und das Hochgebirgspanorama hat man vom 3138 m hohen *Gornergrat*, auf den eine Zahnradbahn fährt. Den

Matterhorn-Blick quasi auf der Speisekarte haben 38 Bergrestaurants, von denen das *Ritty (Tel. 027/ 967 14 82, €€)* den schönsten bietet. Da Zermatt eng mit der Geschichte des Bergsteigens verbunden ist, sollten Sie dem Bergsteigerfriedhof in der Nähe des Alpinen Museums einen Besuch abstatten. Hier haben Bergsteiger aus aller Welt, die am Matterhorn scheiterten, ihre letzte Ruhestätte gefunden.

SEHENSWERTES

Ricola Kräutergarten
Hier wachsen 13 verschiedene Kräuter, die den bekannten Ricola-Kräuterbonbons den Geschmack verleihen. Ein schöner Spazierweg führt vom Zermatter Dorfzentrum zum Kräutergarten im Weiler Blatten.

MUSEUM

Alpines Museum
Eine eindrückliche Fotosammlung dokumentiert die Geschichte des Alpinismus; außerdem Zermatter Heimatgeschichte. *Im Sommer tgl. 10–12, 16–18, im Winter 16.30 bis 18.30 Uhr, Sa geschl., Tempel 6, Tel. 027/967 41 00*

ESSEN & TRINKEN

Burgener
Rustikales Restaurant im Zentrum. Walliser Spezialitäten. *Tgl., Bahnhofstrasse, Tel. 027/967 10 20, €€*

Zum See
Mit der Seilbahn bis Furi und 15 Min. zu Fuß. Dann erwartet Sie leckeres Rösti mit Speck, eine deftige Gerstensuppe oder eine Käseschnitte. Schöne Terrasse. *Tgl., Tel. 027/ 967 20 45, www.zumsee.ch, €€*

ÜBERNACHTEN

Biner
Gemütliches Hotel im Chaletstil. Schöner Wellnessbereich. Einige Zimmer mit Matterhorn-Blick. Gutes Restaurant im Haus. *48 Zi., Un-*

Vom Goms in die Welt

Cäsar Ritz, der König der Hoteliers

Die Karriere des Cäsar Ritz ist eine typische Schweizer Karriere. In seiner Walliser Heimat wurde der junge Hotelangestellte aus Niederwald im Goms vom Patron des Briger Hotels *Couronne et Poste* bereits nach wenigen Wochen entlassen: Er sei zwar nett, werde es aber im Gastgewerbe nie zu etwas bringen. Das war 1865. Ritz packte seine Sachen und zog nach Paris. Dort ging es mit dem jungen Gommer steil aufwärts. Er arbeitete sich vom Küchenburschen zum international gefeierten Hotelier empor. Er revolutionierte die Hotellerie, war um bessere hygienische Verhältnisse besorgt und pflegte die Gastfreundschaft. 1897/98 erfüllte er sich mit dem Bau eines eigenen Hotels in Paris einen Traum. *Le Ritz* nannte er es nicht unbescheiden.

tere Mattenstrasse, Tel. 027/966 56 67, Fax 966 56 66, www.hotel-biner-zermatt.ch, **€€€**

Mischabel
Altmodisches, aber günstiges Hotel im Herzen von Zermatt. Nicht alle Zimmer haben eigenes Bad/Dusche. Liegewiese. *28 Zi., Tel. 027/967 11 31, Fax 967 65 07,* **€**

AUSKUNFT

Zermatt Tourismus
Bahnhofplatz 5, Tel. 027/966 81 00, Fax 966 81 01, www.zermatt.ch

ZIELE IN DER UMGEBUNG

Bergführer-Museum **[124 B4]**
Dieses spezielle Museum ist in St. Niklaus (ca. 20 km von Zermatt) im ältesten Gebäude des Tals untergebracht. Hier können Sie Leben und Arbeit der Bergführer einst und heute hautnah miterleben. *Mitte Juli–Ende Sept. Di/Fr 16–18 Uhr, andere Tage auf Anfrage, Auskunft: Tourismus-Büro St. Niklaus, Tel. 027/956 36 63*

Furkastraße
Im Land der vielen Alpenpässe lohnt die Fahrt über einen Pass, z. B. über die Furkastraße, die von Brig **[124 C4]** (von Zermatt ca. 40 km) im Kanton Wallis durchs Goms nach Andermatt **[125 E2]** im Kanton Uri führt. In Gletsch kommt erstmals der Rhonegletscher in Sicht, das Panorama auf Berner und Walliser Alpen ist herrlich. Beim Hotel *Belvédère,* 3 km unterhalb der Furkapasshöhe, können Sie einen Halt einlegen und die *Eisgrotte im Rhonegletscher* besuchen. Der 100 m lange Eistunnel liegt auf 2300 m Höhe *(Juni–Mitte Okt. tgl. 8–18, im Hochsommer je nach Wetter bis 19.30 Uhr, Auskunft: Tel. 027/973 11 29, www.gletscher.ch).* Vom Belvédère bis auf die Passhöhe ist der Blick auf die Berner Viertausender Lauteraarhorn, Finsteraarhorn und Schreckhorn am schönsten. Beim Hotel *Furkablick* haben Sie die Passhöhe erreicht (2431 m).

Grande Dixence **[123 F5]** Insider Tip
Die Schweiz mit ihren großen Wasservorräten ist ein Land der Staudämme. Allein zwischen 1950 und 1970 wurden rund 80 Staudämme von über 15 m Höhe gebaut. Heute sind es über 200. Die berühmteste Talsperre ist die *Grande Dixence* im Walliser Bergtal Val d'Hérémence, das Sie von Zermatt über Visp und Sion (ca. 95 km) erreichen. Mit 285 m Höhe ist sie die höchste und mit 2365 m auch die höchstgelegene Staumauer der Welt. Im Sockel ist sie 200 m dick, die begehbare Mauerkrone ist 700 m lang. Dahinter stauen sich die rund 400 Mio. Kubikmeter Wasser des Lac des Dix. Am Fuße der gigantischen Bogenstaumauer gibt es Verpflegungs- und Übernachtungsmöglichkeiten und ein Infozentrum. Wer noch ein bisschen Natur genießen möchte, kann den Stausee entlang wandern. *Besichtigung der Anlage Mitte Juni–Sept.,* Auskunft: *Office du Tourisme du Val des Dix, 1981 Hérémence, Tel. 027/281 15 33).* Die Grande Dixence ist von Sion her mit dem Auto oder Postauto erreichbar. Ein weiterer sehenswerter Walliser Staudamm ist die 180 m hohe *Barrage d'Emosson.* Dieser Staudamm liegt 24 km südwestlich von Martigny. Das nahe gelegene *Restaurant du Barrage d'Emosson*

lockt mit schöner Aussichtsterrasse auf das Montblanc-Massiv und weitere Walliser Gipfel *(15. Mai–Nov. tgl., Tel. 027/768 12 74, www.emossonresto.com, €–€€)*.

Leukerbad **[124 B4]**

Leukerbad klebt, 15 km von Leuk (von Zermatt über Visp ca. 60 km) entfernt, wie ein Adlernest in den Bergen. Der Kurort ist vor allem wegen seiner Thermalbäder bekannt: Mehr als drei Mio. Liter 50 Grad heißen Wassers sprudeln täglich aus den Quellen in die öffentlichen Bäder. Am schönsten ist es, in einem der offenen Bäder zu schwimmen und sich von der riesigen Steilwand des Gemmipasses beeindrucken zu lassen. Vor allem im Juli ist im kleinen, fast verkehrsfreien Kurort viel los: Dann finden alljährlich das Clown- und Cabaretfestival und das Literaturfestival statt. Und auf dem Gemmipass, hoch über Leukerbad, treffen sich die Schäfer mit ihren Schafherden zu einem großen Fest. Auskunft: *Leukerbad Tourismus, 3954 Leukerbad/Loèche-les-Bains, Tel. 027/472 71 71, www.leukerbad.ch*

Saas-Fee **[124 C5]**

Das autofreie Saas-Fee (von Zermatt ca. 40 km entfernt), Saas-Grund, Saas-Almagell und Saas-Balen gehören zu den beliebtesten Ferienorten der Schweiz. Exakt 13 Viertausender sind für das schöne Panorama verantwortlich. Die höchste Metro Alpin der Welt bringt Sie ins Allalin-Gebiet *(Auskunft: Saas-Fee Tourismus, Tel. 027/958 18 58)*. Und wenn Sie schon in Saas-Fee sind, kehren Sie im *Waldhotel Fletschhorn* ein. Dort kocht zwar die begnadete Köchin Irma Dütsch nur noch ab und zu, doch ihr Nachfolger Markus Neff und seine Equipe stehen ihr in nichts nach *(Tel. 027/957 21 31, www.fletschhorn.ch, €€€)*.

Insider Tipp

Raues Paradies für Bergfans – Berghütte im Wallis

Die Sonnenstube der Schweiz

Der italienische Zipfel zwischen Locarno und Luganer See ist immer noch der Platz für bunte Träume in lauer Luft

Manche schwören darauf, dass es morgens im Tessin am schönsten ist. Wenn der Nebel aus den Tälern und Seeniederungen fortzieht, wird zumindest erstmals am Tag deutlich sichtbar, wie herrlich dieser südliche Kanton der Schweiz ist. Das oder, wie einige Schweizer sagen, der Tessin (italienisch: il Ticino) hat sich trotz des vergleichsweise hohen Touristenaufkommens in vielen Ecken Eigentümlichkeit bewahrt. Und vor allem Schönheit. Im Dreieck zwischen Locarno im Norden des Lago Maggiore, der Kantonshauptstadt Bellinzona und dem Tessiner Finanzplatz Lugano fühlen sich längst auch viele Zugereiste dauerhaft wohl. Immer mehr hört man im südlichsten Schweizer Kanton neben Italienisch und dem Tessiner Dialekt auch Schweizerdeutsch, Deutsch, Französisch und Englisch. Wer ein paar Wörter Italienisch spricht, kommt bei den Einheimischen allerdings besser an. Ausführliche Informationen finden Sie im Internet unter *www.ticino-tourism.ch* und im MARCO POLO Führer »Tessin«.

Malerisch säumen die Häuser von Gandria das Ufer des Luganer Sees

Mediterran: Gemüsestand in Lugano

LUGANO

Karte auf Seite 128

[126 A5] ★ Diesen besonders sonnenreichen Ort – mit fast 2300 Sonnenstunden pro Jahr – bezeichnen nicht wenige überschwänglich als das »helvetische Arkadien«. Bei lauen Winden vom See her und milden Temperaturen ist die Stadt (29 000 Ew.) in einer vom Monte San Salvatore und dem Monte Brè geschützten Bucht am Nordwestufer des Luganer Sees (italienisch: Ceresio) ein idealer Luftkurort. Für das Klima ist der See verantwortlich. Er wirkt wie ein Wärmereservoir. Das hat Folgen – nämlich Touristenmassen. Trotzdem kommt nie das Gefühl von Hektik auf.

SEHENSWERTES

Altstadt (Centro)
Im teilweise autofreien Zentrum mit seinen schmalen Gassen, die von Arkaden gesäumt werden, hat man ein Gefühl von hochsympathischer Lebensart. Lugano ließ frühe Reisende im 19. Jh. schon begeistert schreiben, dass es ein »niedliches Kleinbild von Neapel« sei. Die belebten Arkadengassen heißen *Via Nassa* und *Via Pessina.*

Insider Tipp **Parco Civico**
Der schattige Stadtpark liegt östlich der Altstadt. Man findet unter schönen Bäumen sogar zur besten Reisezeit Ruhe.

Piazza della Riforma
Der Platz weist ein schönes Gebäudeensemble auf. Im Zentrum befindet sich das *Rathaus* (Municipio) aus dem Jahr 1845. Im Innern sind Gemälde, Skulpturen und Fresken zu sehen. Im Innenhof steht eine *Spartakus-Statue* (1848) von Vela. Unweit des Rathauses die drei historischen *Palazzi Riva,* repräsentative Barockbauten des 18. Jhs.

San Lorenzo
An der Kathedrale, deren Anfänge auf das 9. Jh. zurückgehen, beeindruckt die Fassade aus dem frühen 16. Jh. Sie gilt als eines der bedeutendsten Werk der Frührenaissance im Tessin. *Tagsüber zur Andacht geöffnet*

ESSEN & TRINKEN

Die Tessiner Küche ist der italienischen sehr nahe. Den *risotto con luganighe* (Reis mit Würstchen) z. B. sollten Sie sich nicht entgehen lassen. Eine Besonderheit sind die *grotti ticinesi.* Einst nur gut durchlüftete Felsenkeller zur Lagerung von Wein und Käse, sind die Tessiner *grotti* heute kleine, urige Gasthäuser, in denen man gut essen und trinken kann. Um sie zu finden, müssen Sie allerdings die Einheimischen fragen. Unbedingt empfehlenswert ist etwa das *Grotto Alpe Valà* in Cadro. Nach einem halbstündigen Fußmarsch erwartet Sie eine »urchige« Beiz *(Tel. 091/ 943 25 87, €).*

Bottegone del vino
Hier lassen sich in familiärer Atmosphäre exzellente Weine degustieren. Auch die Küche ist vorzüglich. *So geschl., Via Magatti 3, Tel. 091/922 76 89,* €€

Al Portone
Küchenchef Roberto Galizzi kocht leicht, aber mit besonderem Pfiff. Tagesfrisches vom Luganeser Markt. Beispiel: Felchenfilet in Zitronensoße. *So/Mo geschl., Viale Cassarate 3, Tel. 091/923 55 11,* €€€

Santabbondio
Besternte Küche, schöne Lage in Sorengo (bei Lugano). Spezialität: Tomatenparfait mit Hummer. *Sa mittags, So abends und Mo geschl., Via Fomelino 10, Tel. 091/ 993 23 88,* €€€

ÜBERNACHTEN

Flora
Familiär geführtes Haus mit Garten im Ortsteil Paradiso. *45 Zi., Via Geretta 16, Tel. 091/994 16 71, Fax 994 27 38, hotelflora@bluewin.ch,* €

Insider Tipp

Jugendherberge
Die Jugendherberge liegt inmitten eines subtropischen Parks (mit Swimmingpool) in Savosa bei Lugano. *Via cantonale 13, Tel. 091/ 966 27 28, Fax 966 23 63, www.dieoase.ch,*

Romantik-Hotel Ticino
Hotel mit viel Charme in historischem Haus im Herzen von Lugano nahe der Seepromenade. *18 Zi., Piazza Cioccaro 1, Tel. 091/ 922 77 72, Fax 923 62 78, www.romantikhotels.com/lugano,* €€€

Villa Castagnola
Eine der besten Adressen mit einem Restaurant, das zu den besten gehört. *93 Zi., Viale Castagnola 31, Tel. 091/973 25 55, Fax 973 25 50, www.villacastagnola.com,* €€€

AM ABEND

Für Tanzlustige zwei Adressen: die Diskos *Prince (Via Stauffacher 1)* und *Morandi (Via Trevano).*

AUSKUNFT

Lugano Turismo
Riva Albertolli 5, Tel. 091/ 913 32 32, Fax 922 76 53, www.lugano-tourism.ch

ZIELE IN DER UMGEBUNG

Ascona **[126 A5]**
★ Das einstige Fischerdorf ist sehenswert wegen seines verwinkelten *centro storico,* der Altstadt. Sie beginnt gleich hinter der Uferpromenade mit ihren vielen Straßencafés. Einen Hauch Tessiner Ambiance erleben Sie im *Ristorante degli Angioli,* das zusammen mit einem Hotel in einem 500 Jahre alten Haus untergebracht ist; sehr schöne Pergola *(Mi geschl., Via Albarelle 3, Tel. 091/791 25 18,* €–€€*).* Einige Berühmtheit erlangte der Berg oberhalb Asconas: der *Monte Verità.* Insider Tipp Um die Wende zum 20. Jh. wurde er zum mystischen Mittelpunkt Europas, als sich dort Anarchisten, Esoteriker und Naturburschen zu

MARCO POLO Highlights »Lugano/Tessin«

★ **Lugano**
Diese Stadt im Süden hat viel zu bieten (Seite 51)

★ **Ascona**
Das einstige Fischerdorf lockt mit verwinkelten Gassen (Seite 53)

★ **Gandria**
Mit dem Schiff zu dem malerischen Fischerdorf am Luganer See (Seite 54)

★ **Swissminiatur**
In Melide schrumpft die Schweiz auf Spielzeuggröße (Seite 55)

★ **Valle Onsernone**
Besuch im unbekanntesten Tal des Tessins (Seite 55)

★ **Castello Montebello**
Von der Burg aus dem 13. Jh. schweift der Blick über Bellinzona (Seite 54)

Debatten und Happenings trafen. Viele gute Restaurants gibt es in Losone bei Ascona, z. B. die hervorragende *Osteria dell'Enoteca (Contrada Maggiore 24, Tel. 091/791 78 17, Mo/Di geschl., €€€).*

Bellinzona **[126 B4]**
Über der Hauptstadt des Kantons thronen drei Burgen. Das ★ *Castello Montebello* (13. Jh.) gilt als eine der schönsten Burgen des Landes, gehört zum Unesco-Welterbe und beherbergt das *Museo civico* mit archäologischen Funden. Auf das noch ältere *Castelgrande* führt von der Piazza del Sole ein Lift. Es wird im Sommer als Bühne für Opern- und Kinovorführungen genutzt. Auch ein Halt im Burgrestaurant *Castelgrande (Mo geschl., Tel. 091/826 23 53, €€)* ist zu empfehlen. Das *Castello di Sasso Corbaro* (15. Jh.) liegt südöstlich der Stadt. Ein wahres Kleinod ist das renovierte *Teatro sociale*, wo Theater, Tanz und Musik geboten werden. Lohnend ist der *Markt* am Samstag. Er ist der größte des Kantons und bietet neben Kunsthandwerk auch Tessiner Spezialitäten.

Gandria **[126 A–B5]**
★ Am besten, man kommt übers Wasser und wird mit dem malerischen Bild belohnt, das dieses an den Fels gekuschelte Fischerdorf am Luganer See bietet. In den verwinkelten Gassen sind Souvenirläden und nette Kneipen zu finden. Und am Seeufer gegenüber: das *Museo doganale*, ein Zollmuseum, in dem Schmuggeltricks und andere Zeugnisse krimineller Grenzgängerei dokumentiert sind *(Mitte April–Mitte Okt. tgl. 13.30–17.30 Uhr, Eintritt frei, erreichbar nur per Schiff!).* Insider Tip

Locarno **[126 A4]**
Die *Piazza Grande* mit ihren Arkadengängen und unzähligen Straßencafés ist nicht nur während des

In Bellinzona beherrschen die Burgen das Stadtbild

Die MARCO POLO Bitte

Marco Polo war der erste Weltreisende. Er reiste in friedlicher Absicht, verband Ost und West. Er wollte die Welt entdecken, fremde Kulturen kennen lernen, nicht zerstören. Könnte er heute für uns Reisende nicht Vorbild sein? Aufgeschlossen und friedlich sollte unsere Haltung auf Reisen sein. Dazu gehören auch Respekt vor Mensch und Tier und die Bewahrung der Umwelt.

sommerlichen *Filmfestivals* einen Besuch wert. Dann allerdings unbedingt, denn wo sonst kann man in solcher Atmosphäre und unter freiem Himmel die besten Filme genießen? In der Altstadt findet man das beste Fischrestaurant der Stadt: *Cittadella (Via Cittadella 18, Tel. 091/751 58 85, €€€)*. Ein Gourmettempel ist das *Centenario* von Gérard Perriard *(Lungolago Motta 17, Muralto, Tel. 091/743 82 22, So/Mo geschl., €€€)*. Originelle vegetarische Küche bietet das *Il Boccalino (Mi/Do geschl., Via della Motta 7, Tel. 091/751 96 81, €€)*. Wer Lust auf Musik hat: In der *Cantina Cantinetta (Piazza Grande)* finden am Wochenende regelmäßig Jazzkonzerte statt, in der *Bar Lungolago (Via Bramantino 1)* treffen sich die jungen Leute. Hier gibt es auch die beste Pizza der Stadt.

Ein schönes Hotel ist das *Navegna* am See mit eigenem Bootssteg *(20 Zi., Tel. 091/743 22 22, Fax 743 31 50, €€)*. Zum Übernachten gibt es neben den Luxushotels die *Jugendherberge (Palagiovani, Via Varenna 18)*, die so schön ist, dass Sie unbedingt reservieren sollten *(Tel. 091/756 15 00)*. Auskunft: *Ente Turistico Lago Maggiore, Via B. Luini 3, Tel. 091/791 00 91, www.maggiore.ch*

Melide [126 A5]

Die große Attraktion des Orts ist ★ *Swissminiatur*. Die Modellanlage zeigt Schweizer Sehenswürdigkeiten in 25-facher Verkleinerung. *Mitte März–Okt. 9–18 Uhr, Tel. 091/640 10 60, www.swissminiatur.ch*

Mendrisio [126 A6]

»Il magnifico borgo« – das wunderschöne Dorf – wird Mendrisio genannt. So erstaunt es nicht, dass sich hier die Accademia di Architettura, wo Stars wie Mario Botta oder Peter Zumthor lehren, befindet. Die alljährlich stattfindenden Osterprozessionen sind ein wichtiger Bestandteil des kulturellen Lebens. Dies gilt auch für die vielen *grotti*.

Valle Onsernone [125 E4–5]

★ Diese abgelegene tiefe Schlucht zeigt die andere, schroffe Seite des Tessins. Manche Häuser können nur mit Gondel angefahren, manche Höfe nur per Hubschrauber bedient werden. Aber ein Postbus fährt, und es gibt in Comologno die *Osteria Palazign (Tel. 091/797 20 68, €€)*. Man erreicht das Tal, von dem Max Frisch gesagt hat, es sei das einzige Schweizer Tal »ohne Baedekers Stern«, von Locarno in Richtung Norden über Tegna und den Abzweig bei Cavigliano.

Am Vierwaldstätter See und hinauf in die Berge

In den Urkantonen und im Bergkanton Graubünden begreift man die strahlende Schönheit der schweizerischen Alpenwelt

Man nennt ihn den »lächelnden See« – und keiner weiß, ob damit ein Glitzern im Vierwaldstätter See oder das verträumte Lächeln gemeint ist, das Besuchern aus den Augen strahlt, die an diese, wie Johann Wolfgang von Goethe es nannte, »Großtat der Natur« herantreten. Am Vierwaldstätter See – spätestens – beginnt die Schweiz schmerzlich schön zu werden. Hier liegt, nicht wegen des so genannten Rütlischwurs der drei Urkantone und schon gar nicht wegen der historisch nicht belegten und von einem Herrn namens Schiller ziemlich aufgebauschten Sache mit Wilhelm Tell, nein, hier schlägt aus ganz natürlichen Gründen das Herz der Schweiz: Die Schönheit der Natur prägt sich einem für immer ein. Diesem »Herzen des Landes« ist in diesem Kapitel mit Graubünden die zentrale Region der Schweiz bis an die österreichische Grenze im Osten angegliedert.

Atemberaubende Rhein-Schlucht: Die Via Mala ist nichts für schwache Nerven

Seltene Bergpflanze: der Enzian

CHUR

[121 E5–6] Die Drehscheibe Graubündens erleidet das Schicksal, dass viele Urlauber sie auf der Fahrt in die großen Wintersportgebiete von *Davos/Klosters*, *St. Moritz/Silvaplana* und *Lenzerheide/Valbella* glatt übersehen. Dabei ist Chur (31 000 Ew.) immerhin die älteste nachgewiesene Siedlung der Schweiz, die bis auf 2500 v. Chr. in die Jungsteinzeit zurückgeht. Deshalb birgt die Stadt für historisch Interessierte auch Schätze aus vielen Epochen wie z. B. den Bischöflichen Hof, das Bischöfliche Schloss und die Kathedrale.

Kühles Vergnügen vor grandioser Kulisse: Eisstockschießen in Davos

MUSEEN

Bündner Kunstmuseum
In der Planta-Villa aus dem 19. Jh. sind bedeutende Werke wichtiger Bündner Künstler wie Giovanni Segantini, der Gebrüder Giacometti, Ernst Ludwig Kirchner und weiterer Künstler ausgestellt. *Fr–Mi 10 bis 12, 14–17, Do 10–12, 14–20 Uhr, Postplatz*

Domschatz
Seit 451 ist Chur beurkundeter Bischofssitz und damit einer der ältesten nördlich der Alpen. Der Domschatz illustriert die vergangenen 1500 Jahre Kirchengeschichte mit historisch und künstlerisch wertvollen Stücken. Darunter findet sich ein römisches Arzneikästchen aus dem 4. Jh. und der St.-Luzius-Schrein (1252). Die Schätze sind zurzeit im Rhätischen Museum untergebracht. *Di–So 10–12, 14 bis 17 Uhr, Quaderstr. 15*

ESSEN & TRINKEN

Drei Könige

Insider Tip

Hotel, Restaurant, Weinstube, Konzertlokal und gemütlicher Treffpunkt der jungen Einheimischen in einem. *Tgl., Reichsgasse 18, Tel. 081/252 17 58, Fax 252 17 26, www.dreikoenige.ch,* **€**

Restaurant Hofkellerei
Heimeliges Lokal aus dem 16. Jh. mit Kachelofen. Bündner Spezialitäten wie *Capuns* (Eierspeise mit Mangold) und Weine der Region. *Tgl., Hof 1, Tel. 081/252 32 30,* **€–€€**

ÜBERNACHTEN

Hotel Freieck
Sehr angenehmes Hotel in der nachts verkehrsfreien Altstadt. *37 Zi., Reichsgasse 44/50, Tel. 081/ 252 17 92, Fax 253 34 19, www.freieck.ch,* **€€**

Marsöl
Kleines, geräumiges Hotel in der Altstadt. Die Zimmer sind originell eingerichtet. Kunst, Kultur und Gastronomie bilden eine gelungene Einheit. *12 Zi., Süsswinkelgasse 25, Tel./Fax 081/250 41 58, Handy 079/204 02 85, www.marsoel.ch, €*

AUSKUNFT

Chur Tourismus
Grabenstr. 5, Tel. 081/252 18 18, www.churtourismus.ch

ZIELE IN DER UMGEBUNG

Davos **[121 F6]**
★ Es gibt solche, die behaupten, dass Davos zwar nicht der schönste, aber einer der besten Wintersportorte der Schweiz sei. Andere schwören, dass Davos sommers wie winters einen Urlaub wert sei. Zu Letzteren gehören nicht nur diejenigen, die hier in der trockenen, gesunden Bergluft (natürlich mit Thomas Manns Roman »Zauberberg« im Koffer) ein Lungenleiden heilen wollen. Zu den Davos-Freunden gehören auch jene, die mit einem Kunstband unter dem Arm auf den Spuren Ernst Ludwig Kirchners wandeln. Der große Expressionist schuf hier einige seiner herausragenden Gemälde. Dokumente über das Leben des in Davos auch beerdigten Malers findet man im *Kirchner-Museum (Weihnachten–Ostern, 6. Juli–Sept. Di–So 10–18, sonst Di bis So 14–18 Uhr, Ernst-Ludwig-Kirchner-Platz, Tel. 081/413 22 02).* Aus der Fülle der Restaurants sei eines herausgegriffen, weil sein Publikum eine aufregende Mischung aus Jung und Alt, einheimisch und fremd, reich und stinknormal ist: Das *Bündnerstübli (Mai/Juni, Nov. und Mo geschl., Davos-Dorf, Dischmastr. 8, Tel. 081/416 33 93, €€)* strahlt eine urgemütliche Atmosphäre aus, und man genießt die

MARCO POLO Highlights »Luzern/Graubünden«

★ **Verkehrshaus Luzern**
Das schönste Verkehrsmuseum Europas erstaunt nicht nur Kinder (Seite 64)

★ **Parpan**
An der Straße nach Chur wird das Bündner Fleisch getrocknet (Seite 60)

★ **Davos**
Auf den Spuren eines großen Malers: Ernst Ludwig Kirchner ist am »Zauberberg« gegenwärtig (Seite 59)

★ **Rigi**
Wunderbarer Rundblick auf die Alpen wie auf das Mittelland (Seite 68)

★ **Via Mala**
Die Schlucht hat ihr einstiges Entsetzen verloren und eine atemberaubende Schönheit gewonnen (Seite 62)

★ **Engadin**
Ein Hochtal von außerordentlicher Schönheit (Seite 61)

einfachen, aber guten Gerichte der Gegend. *Jugendherberge: Horlaubenstr. 27, Tel. 081/420 11 20, Fax 420 11 21;* Auskunft: *Davos Tourismus, Tel. 081/415 21 21, Fax 415 21 00, www.davos.ch*

Klosters im Prättigau **[121 F5]**
Um es salopp zu formulieren: Hier gehen Könige miteinander Schlitten fahren. Prinz Charles liebt die Hänge um Klosters zum Skifahren, von denen man mittels diverser Bahnen auch auf jene von Davos überwechseln kann. Der Turm der Kirche in der Ortsmitte stammt noch aus der Gründungszeit des Filialklosters von Churwalden (13. Jh.). Ihre Fenster im gotischen Chor aus dem Jahre 1493 schuf der Bündner Künstler Augusto Giacometti. Auskunft: *Klosters Tourismus, Tel. 081/410 20 20, www.klosters.ch*

Lenzerheide/Valbella **[121 E6]**
Das weite Hochtal von Valbella und Lenzerheide wird im Sommer und Winter gleichermaßen aufgesucht. Für Wintersportler gibt's insgesamt 155 km Pisten, von denen etwa ein Drittel als leicht gelten. Auskunft erteilt das für beide Orte gemeinsame *Verkehrsbüro (Tel. 081/385 11 20, www.lenzerheide.ch).*

Die höchste Erhebung ist mit 2863 m das *Parpaner Rothorn,* auf das eine Seilschwebebahn hinaufführt und an dessen Fuß bei ★ *Parpan* die Straße des Bündner Fleischs beginnt. Im Churwaldnertal haben sich eine ganze Reihe von Fleischtrocknereien angesiedelt. In ihnen wird Rindfleisch in offene Trockenräume gehängt. Es muss ein paar Wintermonate lang ruhen. Die reine und würzige Luft gibt dem Bündner oder, wie man auch sagt, Bindenfleisch seinen so eigenen Geschmack. Eine gute Adresse ist die Fleischtrocknerei *Jörg Brügger in Parpan (Tel. 081/382 11 36, www.bruegger-parpan.ch).* Bereits in der vierten Generation wird das Fleisch zu Rohschinken, Salsiz (luftgetrocknete Wurst) oder Coppa (eine Schinkenspezialität) verarbeitet.

Insider Tipp

Sporz bei Lenzerheide: Hier zeigt sich Graubündens ländlicher Charme

Pontresina im Engadin **[127 D3]**
Leiden Sie unter lästigem Heuschnupfen? Dann sollten Sie im späten Frühjahr nach Pontresina reisen. Die ultraviolette und staubtrockene Luft bläst, wie überhaupt im ganzen ★ Engadin, Ihre Allergien fort. Insgesamt ist Pontresina, eingerahmt von herrlichem Hochgebirge, ebenso ein Sommer- wie Winterort, ein Schickeria- wie Wanderertreff. Man verträgt sich, denn man kann sich gut gegenseitig respektieren und aus dem Weg gehen.

Ruinaulta **[121 D6]**
So heißt die gewaltige Rheinschlucht zwischen Reichenau, wo Hinter- und Vorderrhein zusammenfließen, und Ilanz. Durch die Ablagerungen eines späteiszeitlichen Bergsturzes bahnte sich der Vorderrhein eine 400 m tiefe Schlucht von umwerfender Schönheit. Sie ist am besten mit der Rhätischen Bahn zu durchfahren. Eine kleine, gewundene Straße am Hang kann wunderbar mit dem Fahrrad genossen werden. Die große Straße führt auf der Südseite weit oben durch den Skiort Flims/Laax. Wer will, kann auch mit dem Schlauchboot durch die Ruinaulta fahren.

St. Antönien **[127 D1]**
Wer das Besondere liebt, fährt ins bündnerische Prättigau. Und wer rustikale Romantik in herrlicher Berglandschaft mit Blick aufs Breithorn liebt, bucht am besten ein Zimmer im *Berghaus Sulzfluh* in St. Antönien: ein Hotel, das nur Kerzen- und Petroleumlicht kennt. Waschen muss man sich mit kaltem Wasser aus der Schüssel. In der Gaststube werden *Älplermaggronen* oder *Chästschäder* vom Holzherd serviert. *Berggasthaus Sulzfluh, 7246 Partnun/St. Antönien, 12 Zi., Tel. 081/332 12 13, www.sulzfluh.ch, €*

St. Moritz **[127 D3]**
Hier ist man den Trends der Schickeria immer voraus. So hat die Engadiner Gemeinde eine Schweigewiese eingerichtet, auf der man »Mental Jogging« betreiben kann – ein neuer Trend, natürlich aus den USA. Dass nun aber der Trubel aus dem mondänen Erholungsort verschwindet, glaubt Kurdirektor Danuser nicht: »Wir sind auch in Zukunft kein Ort der leisen Töne.« Was man laut sagen kann. Gunter Sachs und Fiat-Agnelli, Dracula-Bar und Cresta Run – aus den winterlichen Klatschkolumnen ist der Nobelort nicht wegzudenken. Er hat 350 km Skipisten und mit dem 3451 m hohen *Piz Corvatsch* eine echte Herausforderung für Steilhasen. Wer dem Rummel um die großen Hotels *Palace, Kulm* und *Suvretta-House* entfliehen will, geht nach außerhalb, z. B. ins 15 km entfernte *Chesa Salis* nach *Bever (20 Zi., Tel. 081/851 16 16, Fax 851 16 00, www.chesa-salis.ch, Hotel und Restaurant: €€)*, wo Bündner Regionalküche gepflegt wird. Oder ins nicht halb so weit entfernte *Jöhri's Talvo* nach *Champfèr (Tel. 081/833 44 55, €€€)*, wo man sich von einem kreativen Koch kulinarisch verwöhnen lassen kann. Auskunft: *Verkehrsbüro St. Moritz, Via Maistra 12, Tel. 081/837 33 33, Fax 837 33 77, www.stmoritz.ch*

Silser See **[127 D3]**
Das Dorf Sils im Engadin, ein viel besuchter Luftkurort hinter St. Moritz, besteht aus den Dörfern Sils-

Maria und Sils-Baselgia. Für Kulturreisende mag der Besuch des *Nietzsche-Hauses* in *Sils-Maria (neben Hotel Edelweiß, Mitte Juni–Mitte Okt. und Ende Dez.–Mitte April Di–So 15–18 Uhr, www.nietzschehaus.ch)* das Größte sein. Die spartanische Einrichtung stammt zwar aus dem 19. Jh., ist aber nicht jene, in der sich der genügsame Philosoph von 1881 bis 1888 im Sommer aufhielt – vor allem wegen der Umgebung, die ihm zur wichtigen Inspirationsquelle wurde. Auch heute noch schätzen Naturfreunde einen Spaziergang am *Silser See*. Er ist mit 5 km der längste der Oberengadiner Seen und reicht bis an den Malojapass.

Silvaplana **[127 D3]**

Liegt zwischen St. Moritz und Sils am gleichnamigen See. Dieser ist bei Surfern beliebt, denn immer gegen Mittag frischt der Malojawind auf, ein steifer Südwestwind, der vom Malojapass her das ganze Oberengadin hinunter bläst. Dank häufiger Schönwetterperioden ist der Zeltplatz am Seeufer im Sommer ein Mekka für Surfer. Im Winter verfügt Silvaplana mit dem Corvatsch über ein prächtiges Skigebiet, das auf 3300 m hinaufreicht. Auskunft: *Touristeninformation, Tel. 081/838 60 00, Fax 838 60 09, www.silvaplana.ch*

Via Mala **[126 C2]**

★ Der, wie er übersetzt heißt, »böse Weg« führt durch die gleichnamige Rhein-Schlucht zwischen *Thusis* und *Zillis* in Graubünden. Wer dessen Schönheit richtig ermessen will, geht zu Fuß, auch wenn inzwischen eine Straße durch die Schlucht gebaut wurde. Der Fußweg ist 3,5 Stunden lang. Wer kein Auto hat, fährt mit der Rhätischen Bahn von *Chur* nach *Thusis*. Dort steigt er in den Postbus, der dann durch die Schlucht Richtung *San Bernardino* zuckelt. In *Zillis* lohnt ein Besuch der *Kirche St. Martin*, die man wegen der rund 900 Jahre alten, farbigen Kirchendecke auch die »Sixtina der Alpen« nennt. Ausführlich informiert das Heft »Kulturwege in Graubünden«, das man bei *Graubünden Ferien* bestellen kann *(Alexanderstr. 24, 7000 Chur, Tel. 081/254 24 24, www.graubuenden.ch)*.

LUZERN

Karte auf Seite 131

[120 A4–5] Wer mit der Eisenbahn anreist, hat ihn umgehend, diesen wunderbaren Blick über den Vierwaldstätter See. Die Bahnhofshalle (ein Meisterwerk des spanischen Stararchitekten Santiago Calatrava) im Rücken, geht der Ankommende auf die Seebrücke und die Altstadt Luzerns zu. Nur wenige Schritte vom Bahnhof, direkt am See, befindet sich der faszinierende Bau des Kongress- und Kulturzentrums Luzern. Die Tourist Information veranstaltet einen engagierten »Stadtbummel«, auf dem die Luzerner Geschichte lebendig wird. Die fachkundige Führung findet *Mai–Okt. tgl. um 9.45 Uhr statt, im Winter nur Mi und Sa*. Treffpunkt für den kurzweiligen Spaziergang ist die *Tourist Information (Zentralstr. 5, Tel. 041/227 17 17)* im Westtrakt des Bahnhofs. Der Spaziergang dauert zwei Stunden und kostet 18 Franken.

Blick auf das Rathaus und die wieder aufgebaute Kapellbrücke

SEHENSWERTES

Gletschergarten
In der Nähe des *Löwenplatzes* legten Archäologen Ende des 19. Jhs. 32 so genannte Gletschermühlen frei. Sie entstehen, wenn Schmelzwasser beim Hinabfließen in Gletscherhöhlen hartes Felsgestein mit sich reißt und dieses dann, vom Strudel herumgewirbelt, den Sandstein aushöhlt. Im anschließenden Museum wird das Ganze neben urgeschichtlichen Funden dargestellt. *April–Okt. tgl. 9–18, Nov.–März tgl. 10–17 Uhr, www.gletschergarten.ch*

Hofkirche
Den besten Blick auf die *Stadt- und Stiftskirche St. Leodegar und Mauritius* hat man vom Schwanenplatz aus. Nach einem Brand im Jahr 1633 wurde sie im Stil der Spätrenaissance wieder aufgebaut. Während der Sommermonate, besonders zu den traditionellen Musikfestwochen im September, finden an der berühmten Orgel von Johann Geissler Konzerte statt.

Kapellbrücke
Das Wahrzeichen Luzerns wurde einst gebaut, um die Stadt gegen Angriffe von der Seeseite zu schützen. Nach Brand (1993) und Neubau hat sie im Grunde keinen historischen Wert mehr. Am besten von der *Bahnhofstraße* zu erreichen.

Kongress- und Kulturzentrum
Ein Meisterwerk des französischen Stararchitekten Jean Nouvel. Ob Sie in der Seebar oder auf der Terrasse die Sicht genießen oder die Bestände des Kunstmuseums (schweizerische Kunst seit dem 15. Jh. sowie Malerei des 20. Jhs.) auf sich wirken lassen – ein Erlebnis! Die tolle Akustik im Konzertsaal beschert zudem reinsten Hörgenuss. *Europaplatz 1, www.kkl-luzern.ch*

Museggmauer
Sie zog sich früher als mächtiger Festungsring um die ganze Stadt. Heute sind immerhin noch acht Türme in der Nähe der überdachten *Spreuerbrücke* erhalten.

MUSEEN

Bourbaki-Panorama Insider Tipp
In einem eigens erstellten Stahlbau ist das größte Rundgemälde der Welt mit 1100 m² Fläche zu bestaunen: Es zeigt den Übertritt der

französischen Ostarmee unter General Bourbaki in die Schweiz und deren Internierung während des Deutsch-Französischen Kriegs 1870/71. *Tgl. 9–18 Uhr, Löwenplatz 11*

Picasso-Museum/Haus Am Rhyn
Die bedeutende Sammlung der Kunsthändlerfamilie Rosengart zeigt Werke Picassos und Fotos zu seinem Leben. *April–Okt. tgl. 10–18, Nov. bis März 11–13, 14–16 Uhr, Eingang Furrengasse, neben dem Rathaus*

Luftfahrttechnik im Verkehrshaus

Richard-Wagner-Museum
Hier, am früheren Wohnsitz des tongewaltigen Komponisten, gibt es neben einem Überblick über Leben und Werk des Meisters eine Sammlung kostbarer Musikinstrumente. *15. März–Nov. Di–So 10–12 und 14–17 Uhr, Richard-Wagner-Weg 27*

Verkehrshaus Luzern
★ Das größte und vielseitigste Verkehrsmuseum Europas präsentiert die historische und technische Entwicklung der verschiedenen Verkehrsmittel bis hin zur Raumfahrt. Der Schwerpunkt liegt auf den Errungenschaften, die den Verkehr im 19. und 20. Jh. verändert haben. Attraktionen sind das Planetarium und das Imax, ein Filmtheater-Rundgebäude mit einer 360-Grad-Projektion. *April–Okt. tgl. 9–18, Nov.–März 10–17 Uhr, Lidostr. 5*

ESSEN & TRINKEN

Brasserie Bodu
Wer auf ausgezeichnete französische Küche steht und diese auch in schönem Ambiente genießen möchte, ist hier gut aufgehoben. *Tgl., Kornmarkt 5, Tel. 041/410 01 77,* €€

Galliker
Das Gasthaus aus dem 17. Jh. ist eine Institution in Luzern. Hier essen Sie wie bei Muttern. *So/Mo geschl., Schützenstr. 1 (am Kasernenplatz), Tel. 041/240 10 02,* €–€€

Helvetia
In dieser Brasserie speisen Sie gut und günstig. Im Sommer lockt eine

sehr schöne Gartenterrasse. *So Mittag geschl., Waldstätterstr. 9, Tel. 041/210 44 50, €–€€*

Locanda Ticinese
Das schön renovierte Lokal bietet Tessiner Spezialitäten. Im Sommer ist die Terrasse, das »Vögelisgärtli«, sehr beliebt. *So geschl., Murbachstr. 4, Tel. 041/228 90 50, €€*

Insider Tipp **Rotes Gatter**
Beliebtes Gourmetrestaurant im *Hotel Des Balances.* Auf der Terrasse des Altbaus im Herzen der Stadt sitzt man gleichsam über der aus dem Vierwaldstättersee abfließenden Reuss. Schicke Pianobar. *Tgl., Weinmarkt 7, Tel. 041/418 28 28, €€–€€€*

Stadtkeller
Hier wird zum Essen Schweizer Folklore geboten: Kuhglocken und Alphörner tönen *mittags ab 12.15, abends ab 20.45 Uhr (nur im Sommer).* Im Winterhalbjahr ab 20.30 Uhr Rock-, Pop- oder Jazzkonzerte. Zu speisen gibt es ordentliche Schweizer Kost. *Tgl., Sternenplatz 3, Tel. 041/410 47 33, €€*

EINKAUFEN

Zu empfehlen sind der *Blumen- und Gemüsemarkt* an beiden Ufern der Reuss *(Di und Sa 7–13 Uhr)* sowie der *Handwerkermarkt* auf dem Weinmarkt *(März–Dez. jeden 1. Sa im Monat 7–16 Uhr).*

ÜBERNACHTEN

Alpina
Zentrales Hotel, in dem man gut und preiswert übernachten kann. *33 Zi., Frankenstr. 6, Tel. 041/210 00 77, Fax 210 89 44, www.alpina-luzern.ch, €€*

Des Balances
Renoviertes Altstadthaus mit stilvollen Zimmern und schöner Sicht auf Reuss und Kapellbrücke. Gute *Pianobar,* Restaurant mit marktfrischer Schweizer Küche. *57 Zi., Weinmarkt, Tel. 041/418 28 28, Fax 418 28 38, www.balances.ch, €€€*

Camping
Ein Campingplatz befindet sich beim *Verkehrshaus am Lido (Lidostr. 19, Tel. 041/370 21 46).*

Jugendherberge
Das Haus *Am Rotsee* ist eine der schönsten Jugendherbergen des Landes. *Sedelstr. 12, Tel. 041/420 88 00, Fax 420 56 16*

Montana Insider Tipp
Hoch über dem Vierwaldstättersee thront dieses sanft renovierte Art-déco-Hotel. Ein Lift bringt Sie sicher in die Höhe, die Aussicht in die Berge ist herrlich, und in der schönen Hotelbar gibt's Kultur. *Adligenswilerstr. 22, Tel. 041/419 00 00, Fax 419 00 01, www.hotel-montana.ch, €€€*

Mr. Pickwick
Eines der preisgünstigsten Hotels der Stadt, zentral gelegen. *41 Zi., Rathausquai 6, Tel. 041/410 59 27, Fax 410 51 08, €*

Palace
Das Traditionshaus liegt zauberhaft an der Seepromenade. Es gehört zur Kette »The Leading Hotels of the World«. *174 Zi., Haldenstr. 10, Tel. 041/416 16 16, Fax 416 10 00, www.palace-luzern.ch, €€€*

AM ABEND

Zu den wichtigsten Abendveranstaltungen des Jahres gehören die Konzerte der Internationalen Musikfestwochen. Auskunft: *Lucerne Festival, Hirschmattstr. 13, 6000 Luzern, Tel. 041/226 44 00, www. lucernefestival.ch.* Ein abwechslungsreiches Programm für jüngere Leute bietet das Kulturzentrum *Boa (Geissensteinring 41, Tel. 041/ 360 45 88, www. boaluzern.ch).*

AUSKUNFT

Verkehrsbüro
Im Sommer Mo–Fr 8.30–19.30, Sa/So 9–19.30 Uhr, im Winter Mo bis Fr 8.30–18, Sa/So 9–18 Uhr, Zentralstr. 5, am Hauptbahnhof, Tel. 041/227 17 17, www.luzern.org

Verkehrsbüro Zentralschweiz
Alpenstr. 1, www.centralswitzerland.ch, Info-Tel. 041/227 17 44

ZIELE IN DER UMGEBUNG

Mit dem *Tell Pass* haben Sie freie Fahrt an zwei oder fünf frei wählbaren Tagen mit Schiffen, Bergbahnen und Autobussen in der Zentralschweiz. *Angebot 1:* gültig an sieben Tagen, davon zwei Tage freie Fahrt, an den übrigen Tagen Fahrten zum halben Preis *(135 Franken, mit dem Swiss Pass/Card 108 Franken). Angebot 2:* gültig 15 Tage, an fünf Tagen freie Fahrt, restliche Tage halber Preis *(184 Franken, mit Swiss Pass/Card 147 Franken). Tel. 041/367 67 67, www.tell-pass.ch*

Andermatt **[125 E2]**
Das »Schneeloch« der Schweiz ist ein viel besuchter Wintersportort. Das Rathaus, das nach dem großen Brand von 1767 unter Verwendung aller noch brauchbaren Teile wieder aufgebaut wurde, beherbergt heute die Verwaltung der Korporation Urseren. Das ist die Nachfolgeorganisation der alten Talgemeinde, die sich erst spät mit dem Tal Uri verband. Andermatt liegt im Herzen der Schweizer Alpen, ist nach Osten über den Oberalppass mit Graubünden verbunden, nach Westen über den Furkapass mit dem Wallis.

Brunnen **[120 B5]**
Brunnen im Kanton Schwyz liegt im Herzen der malerischen Urschweiz am Ufer des Urner Sees (Teil des Vierwaldstättersees). Bis zur Eröffnung der Axenstrasse war Brunnen der günstigste Transithafen für den Güter- und Personenverkehr auf dem Weg zum Gotthardpass und hatte daher für die Handelsbeziehungen zwischen Schwyz und Uri große Bedeutung. Nicht nur wegen seines dörflichen Charmes und der schönen Lage am See mit Blick auf steile Felshänge und den Uri-Rotstock lohnt sich ein Aufenthalt in Brunnen, sondern auch weil sich von hier aus einige Ausflüge in die nähere Umgebung unternehmen lassen, z. B. zur Rütliwiese oder auf die Rigi. Brunnen ist zudem der Endpunkt des urschweizerischsten aller Wanderwege: des *Weges der Schweiz.* Rund 35 km lang führt er von der Rütliwiese um den Urner See bis nach Brunnen *(Wandertelefon 041/ 871 10 33, www.weg-der-schweiz. ch).* Ein anderer empfehlenswerter Ausflug führt zu den *Hölloch-Grotten* im Muotathal. Zuhinterst im Tal liegt die größte Karsthöhle Europas. Bislang wurden 180 km vermessen,

und immer wieder entdecken Höhlenforscher neue Gänge, Hallen und Schluchten. Der Zugang ist nur mit Führern möglich. Drinnen liegt die Temperatur bei 6 Grad, es tropft und hallt, märchenhafte Gebilde in Form von Rosen, Leuchtern und Muscheln faszinieren. *Führung (90 Min.) 20 Franken, Juni–Sept. Mi bis So 10, 13, 15.30 Uhr, Hölloch, www.trekking.ch.* Auskunft: *Brunnen Tourismus, Bahnhofstr. 15, 6440 Brunnen, Tel. 041/825 00 40, www.brunnentourismus.ch*

Bürgenstock **[120 A5]**

Der vornehme Luftkurort ganz in der Nähe Luzerns gewann an Bedeutung nach der Eröffnung der Seilbahn von Kehrsiten im Jahr 1889. Dank Park, Grand und Palace Hotel bekam der aus dem Vierwaldstätter See aufragende Bürgenstock schnell mondänen Zulauf. Man hat eine herrliche Weitsicht, und es gibt einen *9-Loch-Golfplatz (Tel. 041/612 90 10).* Neben dem *Palace Hotel* befindet sich eine neugotische Kapelle (1897). Ein Club mit Freibad und exotischer Bepflanzung genügt höchsten Ansprüchen. Eine 6 km lange, kurvenreiche Straße führt von Stansstad hinauf.

Eigenthal **[119 F5]**

Gleich vor der Haustüre, nur 14 km von Luzern entfernt, kann man auf Insider Tipp der 1280 m hoch gelegenen *Alp Rosenboden* im Eigenthal Natur pur erleben: Bei Otti und Marili Zemp kann man essen, trinken, übernachten, das Älplerleben und die frische Landluft geniessen. *Alp Rosenboden, 6013 Eigenthal, 3 Zi. und ein Massenlager, Tel. 041/497 45 29 (Alp), 041/497 29 50 (Tal), www.eigenthal.ch/Sommer,* €

Engelberg **[120 A6]**

Der Hauptort des Kantons Obwalden liegt von hohen Bergen umgeben – u. a. dem 3200 m hohen Titlis – in einem flachen Talboden. Der 1000 m hoch gelegene Ferienort ist sommers wie winters attraktiv und besonders familienfreundlich. Berühmt ist Engelberg wegen seines Benediktinerklosters. Bis 1798 gehörte das ganze Engelberger Tal dem im 12. Jh. gegründeten Kloster und war ein selbstständiger geistlicher Kleinstaat. Heute beherbergen die mächtigen Klosterbauten eine Schule. Berühmt wurde Engelberg aber dank Stephan Eicher. Der zurzeit bekannteste Schweizer Popmusiker widmete dem Ort ein eigenes Album (»Engelberg«), das 1991 hier aufgenommen wurde *(www.stephaneicher.ch).* Auskunft: *Engelberg Tourist Center, Klosterstr. 3, 6390 Engelberg, Tel. 041/639 77 77, www.engelberg.ch*

Entlebuch **[119 E–F5]**

Das Entlebuch könnte man als die Fortsetzung des Emmentals bezeichnen. Trotz dieser geografischen Nähe unterscheiden sich die beiden Regionen enorm. Das Emmental ist von seiner Geschichte her reformiert und das Entlebuch katholisch geprägt, was heute noch im Alltagsleben zu spüren ist. Seit 2001 ist das rund 400 km² große, hügelige Gebiet ein Unesco-Biosphärenreservat. Gut ein Drittel der Fläche sind geschützte Moorbiotope, die zusammen mit dem Karstgebiet der Schrattenfluh zu den Kernzonen des Reservats gehören. Das Unesco-Etikett verpflichtet die Region zur Erhaltung natürlicher Lebensräume und zur Förderung eines sanften Tourismus. Informationen unter *www.biosphaere.ch* oder beim *Tourismusbüro Sörenberg (Rothorn-Center 2, 6174 Sörenberg, Tel. 041/488 11 85, Fax 488 24 85).*

Küssnacht/Rigi

Also dann: Durch diese hohle Gasse – muss man eigentlich nicht durch. Mit viel Pathos (und Sinn für Fremdenverkehr) halten die Schweizer ihren Befreiungsmythos von Wilhelm Tell aufrecht, der dem Landvogt Geßler aufgelauert haben soll. Hat er wohl nicht – die Historiker können's einfach nicht beweisen. Trotzdem hat Küssnacht **[120 A–B 4]** seinen Tellbrunnen. Und selbstverständlich kommen Sie nach 2 km auf der *Straße* Richtung *Immensee* an die *Tellskapelle* und die *Hohle Gasse.* Damit genug der Armbrustschießereien. Das Schönste an Küssnacht ist die ★ *Rigi* **[120 B5]**. Jawohl – es heißt einwandfrei: die! Denn höchstwahrscheinlich leitet sich der Name von Regina montium ab, »Königin der Berge«. Der weiteste Blick bis zu den französischen Vogesen und auf den deutschen Schwarzwald eröffnet sich dem Betrachter vom *Rigi-Kulm,* wo hinauf eine Zahnradbahn von *Vitznau* aus fährt. Die Luftseilbahn aus Weggis gelangt nur bis Rigi-Kaltbad, dafür stehen dort Hotels und Sonnenterrassen zur Verfügung, und es gibt etliche Spazierwege. Selbstverständlich können Sie auch in die Zahnradbahn umsteigen, die Sie ganz auf den Gipfel hinaufführt.

Pilatus **[120 A5]**

Der massige, 2132 m hohe Pilatus ist das Wahrzeichen der Stadt Luzern und gilt den Luzernern auch als Barometer: »Trägt der Pilatus seinen Hut (Wolken), bleibt das Wetter im Lande gut. Gürtet er jedoch sein Schwert (der Gipfel ragt aus dem Wolkenkranz), ist das Wetter nicht viel wert.« Von Luzern mit dem Schiff nach Alpnachstad, umsteigen auf die steilste Zahnradbahn der Welt (48 Prozent Steigung), und schon ist man oben und kann auf Luzern herunterschauen. Auf der anderen Seite geht es mit Luftseil- und Gondelbahn via Fräkmün-

Tells Geschoss

Wahrheit oder Legende – wen kümmert's?

Selbst die Schweizer geben zu, dass es historisch nicht verbürgt ist, das Geschehen um den Landvogt Geßler, die hohle Gasse, Wilhelm Tell, die Armbrust und den Sohn mit dem Apfel auf dem Kopf. Ein Schweizer Historiker namens Aegidius Tschudi verband im 16. Jh. beim Aufschreiben des Unabhängigkeitskampfs der Schweizer Anfang des 14. Jhs. Geschichte und Legende farbenfroh miteinander. Aus diesem von der Forschung ins Reich der Phantasie verbannten Geschichtsbuch bediente sich Friedrich Schiller für sein Freiheitsdrama. Und was sagt Schillers »Wilhelm Tell« zum Historikerstreit? »Wer gar zu viel bedenkt, wird wenig leisten« – längst ein geflügeltes Wort.

Die Freiheit über den Wolken: Blick vom Rigi-Kulm

tegg hinunter nach Kriens. Diese Tour nennt sich die »Goldene Rundfahrt«. *Erwachsene ca. 80, Kinder 40 Franken (bis 16 J. frei), Pilatus, Tel. 041/329 11 11, www.pilatus.ch*

Schwyz **[120 B5]**

Es muss sein, dass der dem ganzen Land den Namen gebende Urkanton mit seiner Hauptstadt erwähnt wird. Immerhin kann man im *Bundesbriefarchiv (Bahnhofstr. 20)* historische Dokumente wie das Original des Bundesbriefs von 1291 besichtigen. *Di–Fr 9–11.30, 13.30 bis 17, Sa/So 13.30 (bzw. Mai–Okt. 9) bis 17 Uhr, www.museenschwyz.ch*

Vitznau **[120 B5]**

Der Ausgangspunkt der Zahnradbahn auf die Rigi am Vierwaldstätter See hat zwei tolle Hotels: Das *Parkhotel* am See *(100 Zi., Tel. 041/399 60 60, Fax 399 60 70, www.parkhotel-vitznau.ch, €€€, auch sehr gutes Restaurant)* ist ein Jugendstil-Prunkbau. Im herrlichen Garten gibt es eine eigene Dampferanlegestelle. Und man kann die hauseigene Schnapsbrennerei besichtigen und deren Produkte verkosten. Ein Juwel der Belle Époque ist das ganzjährig geöffnete *Seehotel Vitznauerhof (90 Zi., Seestrasse, Tel. 041/399 77 77, Fax 399 76 66, www.vitznauerhof.ch, €€).*

Zug **[120 B4]**

Auf dem Weg von Luzern nach Zürich durchquert man den Kanton *Zug,* der wegen seiner vielen Briefkastenfirmen und wegen des guten Kirschwassers berühmt ist. Wenn Sie Zeit haben, kehren Sie im Doppelrestaurant *Rathauskeller* ein: Im oberen Stock ist das Essen fein und teurer und die Umgebung gediegen, im Erdgeschoss werden Speisen aus derselben Küche serviert, nicht alle Menüs wie auf der Karte oben, dafür aber billiger (Bistroatmosphäre). *Ober-Altstadt 1, So/Mo geschl., Tel. 041/711 00 58, www.rathauskeller.ch, €€* Insider Tipp

ECCE EGO
VOBISCUM SUM.

Zwischen Rheinknie und Bodensee

Im Norden zeigt die Eidgenossenschaft bei weitem nicht überall ihren sonst so strahlenden Charme. Dennoch gibt es Reizvolles

Wer von Norden her in die Schweiz einreist, sollte nicht dem landläufigen Vorurteil anheimfallen, dass die Eidgenossenschaft erst mit Zürich beginnt. Denn auch der Norden hat charmante Ecken, besonders im östlichen Teil zwischen Bodensee und Zürichsee. Dort nämlich, wo sich das Appenzeller Land über die lieblichen Hügel erstreckt und die angrenzende Klosterstadt St. Gallen ihren Charme versprüht. Oder entlang des Rheins, wo man auf hübsche Kleinstädte wie Stein am Rhein und Schaffhausen trifft oder den Rhein selber tosend über eine Felsstufe fallen sehen kann. Trotzdem beherrscht Zürich, die Metropole und heimliche Hauptstadt, fast die gesamte Nordschweiz. Mit einer Ausnahme: In Basel, am Rheinknie und im Dreiländereck zwischen Frankreich, Deutschland und der Schweiz, wird Wert darauf gelegt, nicht in einem Atemzug mit den »arroganten« Zürchern genannt zu werden. Deshalb soll auch Basel, das »Tor zur Schweiz«, dieses Kapitel eröffnen.

Zu Recht weltberühmt ist der prächtige Rokokosaal der St. Galler Stiftsbibliothek

Schmucke Fassade: Basler Rathaus

BASEL

Karte auf Seite 128

[119 D2] Das Tor zur Schweiz kennen viele nur vom Durch- oder Vorbeifahren. Dabei gibt es eine Reihe von Gründen, wenigstens einen Zwischenstopp einzulegen. Da Basel (170 000 Ew.) eine Universität hat, übrigens die älteste in der Schweiz, gibt es viele junge Leute, die das Stadtbild prägen. Dieses wirkt besonders in der Altstadt mit ihrer Treppengasse und dem Spalentor noch malerisch mittelalterlich. Man kann die Stadt von Erasmus, Paracelsus und Holbein auf eigene Faust entdecken, da an vielen Hauswänden kleine Erklärungsschilder auf die lange Historie hinweisen. Beim Verkehrsbüro erhalten Sie Informationsbroschüren. Allerdings werden auch vor allem im Sommer verschiedene offizielle Rundgänge angeboten. Auskunft erteilt das Verkehrsbüro. Baslerinnen und Basler stehen im Ruf, viel Wert auf Kultur zu legen, was sich allein schon darin zeigt, dass sie sich 27 Museen leisten oder per Volksabstimmung zwei sündhaft teure Picassos angeschafft haben. Jedes Jahr findet auch die berühmte Internationale Messe für Kunst des 20./21. Jhs., die Art, in Basel statt. Ebenso wurde Basel ausgezeichnet für sein Bemühen, nicht nur alte Kulturgüter und Bauten zu erhalten, sondern auch moderne Architektur zu fördern und so für ein gelungenes Zusammenspiel von Alt und Neu zu sorgen. So sind einige ausgefallene Bauten berühmter Architekten in der Stadt zu finden.

Nicht zuletzt ist Basel aber auch als Hauptsitz großer Chemiekonzerne bekannt, die nicht nur wegen gelegentlicher Unfälle und fragwürdiger Personalpolitik für manchen Unmut in der Bevölkerung gesorgt haben, sondern auch dafür, dass Basel eine gut betuchte Stadt ist, in der man sich aber vornehm hütet, mit Reichtum zu prahlen.

SEHENSWERTES

Münster

Mit ihrem Münsterturm hoch über der Stadt gelegen, beeindruckt die im Wesentlichen spätromanische Basilika vor allem wegen ihres reichen Skulpturenschmucks. Besonders bedeutend ist die Galluspforte mit Glücksrad am Querhaus aus dem Jahr 1180, die zu den schönsten Figurenportalen der Schweiz zählt. Im linken Seitenschiff fand 1536 Erasmus von Rotterdam in einem Sarkophag aus rotem Marmor seine letzte Ruhe. *Ostern–Mitte Okt. Mo–Fr 10–17, Sa 10–16, So 13–17 Uhr, im Winter Mo–Sa 11–16, So 14–16 Uhr*

Spalentor

Zwei Rundtürme mit Zinnen schmücken das schönste Stadttor der Schweiz. Es befindet sich an der Straße *Spalenvorstadt* zwischen Holbein- und Petersplatz.

Zolli

★ Der weltberühmte Basler Zoo liegt am südwestlichen Rand des Innenstadtkerns, ganze sieben Gehminuten vom Bahnhof entfernt. Auf 13 ha sind hier rund 4000 Tiere zu bestaunen. Und im Kinderzoo dürfen die Kleinen sogar zu den Tieren ins Gehege, um sie zu füttern und zu streicheln. *Im Sommer tgl. 8–18.30, im Winter 8–17.30 Uhr; www.zoobasel.ch*

MUSEEN

Basler Papiermühle

In Höhe des Fähranlegers am Rhein gelegen, zeigt das Haus einen historischen Überblick über die Papiergewinnung und die Entwicklung der Buchdruckkunst. *Di–So 14 bis 17 Uhr und nach Vereinbarung (Tel. 061/272 96 52), St.-Alban-Tal 37*

Fondation Beyeler

Für alle Kunstliebhaber der klassischen Moderne ist die Sammlung von Ernst Beyeler ein Muss. Aber auch Architekturfreaks kommen dank des wunderschönen Museumsbaus von Renzo Piano auf ihre

Kosten. *Tgl. 10–18 Uhr, Mi bis 20 Uhr, Baselstr. 101, Riehen*

Museum Jean Tinguely
Der 100. Geburtstag eines großen Chemiekonzerns und die Freundschaft des Konzernherrn mit dem Künstler machten es möglich, dass fünf Jahre nach Jean Tinguelys Tod zwischen dem Hauptsitz des Konzerns und der Autobahnbrücke ein Museum eröffnet wurde. In dem mit rosa Sandstein verblendeten 30-Mio.-Bau des Stararchitekten Mario Botta sind vor allem Maschinenskulpturen des verspielten Eisenplastikers zu bewundern. *Di–So 11 bis 19 Uhr, Paul-Sacher-Anlage 1*

Öffentliche Kunstsammlung
★ Die weltberühmte Sammlung ist in zwei Museen untergebracht: Das *Kunstmuseum* beherbergt Werkgruppen aus dem 15. und 16. Jh., u. a. auch von der Holbein-Familie oder von Lucas Cranach d. Ä., aber auch Seltenes aus dem 20. Jh. von Corinth, van Gogh, Klee, Braque, Picasso, Kokoschka, Dalí u. a. *(Di–So 10–17 Uhr, St.-Alban Graben 16)*. Die zeitgenössische Kunst seit den Sechzigerjahren des 20. Jhs. ist im *Museum für Gegenwartskunst* zu sehen mit Werken von A. R. Penck oder Joseph Beuys. *Di–So 11–17 Uhr, St.-Alban-Rheinweg 60*

ESSEN & TRINKEN

Basler Spezialitäten gibt es, sieht man einmal von der munter machenden Mehlsuppe zu Fasnacht ab, eigentlich nicht. Die meisten gu-

Marco Polo Highlights »Basel/Zürich/Ostschweiz«

★ **Kronenhalle**
Zürichs Traditionslokal ist einen Besuch wert (Seite 79)

★ **Zolli**
Nicht nur die Kleinen können sich in diesem Tierpark in Basel verlaufen (Seite 72)

★ **Rheinfall**
Das Naturschauspiel bei Schaffhausen ist besonders nach der Schneeschmelze eindrucksvoll (Seite 84)

★ **Stiftsbibliothek St. Gallen**
Der Rokokosaal der Bibliothek ist der Höhepunkt des Klosterbezirks (Seite 84)

★ **Walensee**
Am Fuß der Churfirsten-Steilwände wachsen Aprikosen und Wein (Seite 85)

★ **Öffentliche Kunstsammlung Basel**
Werke von Cranach bis Beuys in zwei Häusern (Seite 73)

★ **Aargauer Kunsthaus**
Ein Muss für Liebhaber neuerer Schweizer Kunst (Seite 82)

★ **Appenzell**
Schmucke Dörfer zu Füßen des Säntis (Seite 82)

ten Restaurants sind in ihrer Küche deutlich vom nahen Elsass mit seinen viel gerühmten Köstlichkeiten beeinflusst.

Au violon
Dieses Restaurant und Hotel war früher ein Gefängnis. Heute merken Sie nur noch an den Zimmern und den Toiletten, dass dieser Ort einmal für Untersuchungshäftlinge bestimmt war. Hier essen Sie gut und preisgünstig, im Sommer draußen unter Kastanienbäumen. *So/Mo geschl., Im Lohnhof 14, Tel. 061/269 87 11, www.au-violon.com,* €–€€

Insider Tipp **Hirscheneck**
Treffpunkt vornehmlich der alternativen Szene mit guter Stimmung und ebensolcher Küche. *Di–Sa ab 11, Mo ab 14, So ab 10 Uhr, Lindenberg 23, Tel. 061/692 73 33,* €

Insider Tipp **Kunsthalle-Restaurant**
Genauso wie die Kunsthalle selbst (wechselnde Ausstellungen, nicht zu verwechseln mit dem Kunstmuseum!) ist auch deren Restaurant einen Besuch wert. Zweigeteilt bietet es für alle etwas Gediegenes, umgibt sich mit städtischem Flair und wartet im oberen Stock mit einer topmodernen Bar auf, wo exquisite Drinks zubereitet werden. *Steinenberg 7, Tel. 061/272 42 33,* €€ *und* €€€

Spalenburg
Schönes Altstadtrestaurant mit spanischer und gutbürgerlicher Schweizer Küche. Besonders zu empfehlen sind auch die Tapas. *So mittags geschl., Schnabelgasse 2, Tel. 061/261 99 34,* €

ÜBERNACHTEN

Krafft
Hotel mit viel Ambiente direkt am Rhein. Sonnig, ruhig, zentral, mit schönem Blick auf die Skyline von Großbasel, Pfalz und Münster. *45 Zi., Rheingasse 12, Tel. 061/690 91 30, Fax 690 91 31, www.hotelkrafft.ch,* €€

Kunst-Hotel der Teufelhof
Ein ungewöhnliches Haus, dessen Zimmer eher karg sind, dafür aber jedes von einem anderen Künstler gestaltet. Man bezeichnet sich als »Kultur- und Gasthaus«, was sich auch in Restaurant, Weinstube, Café und Bar widerspiegelt. *29 Zi., Leonhardsgraben 47–49, Tel. 061/261 10 10, Fax 261 10 04, www.teufelhof.com,* €€–€€€

Merian
Gepflegtes Hotel auf der sonnigen Seite des Rheins. Kinder bis 12 Jahre schlafen im Elternzimmer gratis. *63 Zi., Rheingasse 2, gebührenfreie Reservierung: Tel. 0800 55 23 44, www.merian-hotel.ch,* €€

AM ABEND

Eine rege Theaterszene lädt zum Besuch, und ein international anerkanntes Ballett weiß auch Insider zu begeistern. Wer selber tanzen will, begibt sich am besten ins *Babalabar (Gerbergasse 76)*, wo nicht nur junges Volk bis in die Morgenstunden tanzt. Im *Atlantis*, genannt *»Tis«*, dem ältesten Rockcafé der Schweiz *(Klosterberg 13)*, gehen auch Livekonzerte über die Bühne. Oder aber man konsultiert das Programm des *Unternehmen Mitte*, eines ehemals alternativen,

Rechte Winkel sind verpönt: der Große Saal des Goetheanums in Dornach

jetzt längst etablierten Zentrums *(Gerbergasse 30, www.mitte.ch).*

Insider Tipp

le bar rouge

Diese Bar ist im wörtlichen Sinn das Highlight der Stadt Basel: vom 31. Stock des Messeturms genießt man eine traumhafte Sicht über Stadt und Umgebung – selbst aus den Fenstern der Toiletten! *Messeturm, tgl. ab 17 Uhr, www.barrouge.ch*

Gundeldinger Feld

Auf dem riesigen, 12 000 m² großen Areal hat sich seit 2000 eine lebendige Kulturszene eingenistet. Vom Restaurant bis zum Theater finden Sie alles. *Dornacherstr. 192, Tel. 061/333 70 70, www.gundeldingerfeld.ch*

FÄHREN

Eine Besonderheit in Basel sind die drei Personenfähren, die ihre Passagiere nur mit Hilfe der Strömung über den Rhein fahren. Standorte für die winzigen Nachen, mit denen man für 1,20 Franken fahren kann, sind *Blumenrain, Münsterplatz* und *St.-Alban-Rheinweg.*

AUSKUNFT

Neben der *City-Information* mit Hotelreservierung im *Bahnhof SBB* gibt es auch noch ein *Verkehrsbüro: Mo–Fr 8.30–18.30, Sa 10–17, So 10–16 Uhr, Barfüsserplatz, Tel. 061/268 68 68, Fax 268 68 70, www.baseltourismus.ch*

ZIELE IN DER UMGEBUNG

Goetheanum Dornach [119 D2–3]

In einem in den 1920er-Jahren errichteten und noch heute futuristisch anmutenden Gebäude aus Sichtbeton hat die Anthroposophische Gesellschaft, die der österreichische Mathematiker und Naturwissenschaftler Rudolf Steiner 1913 gründete, ihr Zentrum. *Füh-*

rungen tgl. 14 Uhr, Auskunft: Tel. 061/706 42 69

Solothurn **[119 D4]**
Enge Gassen und eine großzügige Kathedrale prägen das Bild dieser schönen Barockstadt. Das kleine Städtchen an der grünen Aare ist eng liiert mit der Kultur: Hier finden jährlich die Literatur- und Filmtage statt. Im Restaurant und Hotel *Baseltor* speisen und schlafen Sie gut *(Hauptgasse 79, Tel. 032/ 622 34 22, Fax 622 18 79, €–€€).*

ZÜRICH

Karte in der hinteren Umschlagklappe

[120 B3] Zürich gilt immer noch als Bankenplatz Nummer eins in der Schweiz. In der Bahnhofstrasse und am Paradeplatz haben die großen Schweizer Geldinstitute ihre Zentralen. Auch wer nicht mit dem Aktenkoffer voller Bargeld anreist, um es – übrigens wenig zinsbringend – zu deponieren, kommt nicht vergebens in die Stadt an Limmat und Zürichsee, in der auf einer Fläche von 92 km^2 knapp 343 000 Menschen leben. Touristen und StudentInnen, GastarbeiterInnen und Geschäftsleute machen Zürich zu einer lebendigen Stadt. Ein Gespür für den Puls der Stadt bekommt, wer seinen Besuch – vielleicht aus dem Haupteingang des Hauptbahnhofs tretend – mit einem Spaziergang durch die weltberühmte Bahnhofstrasse beginnt. Sie ist nicht irgendeine Einkaufsstraße in irgendeiner der Metropolen. Sie ist New Yorker Fifth Avenue, nur sehr viel überschaubarer; sie ist Pariser Rue du Faubourg-St.-Honoré, nur längst nicht so lang; sie ist Düsseldorfer Königsallee, nur zweimal so kostspielig. In der Zürcher Bahnhofstrasse bummelt man und kauft ein. Neben den Edelboutiquen gibt es Kaufhäuser, in denen Modebewusste durchaus Erschwingliches finden. Man stößt auf Schmuck und Uhren und selbstverständlich auf Sprüngli, wo man eine heiße Schokolade trinken und »Luxemburgerli« zum sofortigen Genuss kaufen kann. Die Bahnhofstrasse führt in einem leichten Linksschwung über den stets quirligen Paradeplatz, den Knotenpunkt der für Zürich typischen und für den innerstädtischen Verkehr so praktischen Straßenbahnen, direkt an den Hauptlandungssteg des Zürichsees, nicht das größte und nicht das schönste Binnengewässer der Schweiz, aber schon wenige Meter vom hektischen Stadtzentrum entfernt ein Refugium. Links und rechts des Sees gibt es Badeanstalten mit gepflegten Liegewiesen, auf denen man auch im Hochsommer immer noch ein kleines Plätzchen findet. Doch zurück in die Stadt. Zwischen Bahnhofstrasse und der durch Zürich fließenden Limmat beginnt die Altstadt, die sich am anderen Ufer bis hinauf zum Zürichberg mit noch verwinkelteren Gassen fortsetzt. Dort gibt es viele schöne, alte Bürgerhäuser, gepflegte Antiquitätenläden, jede Menge Kneipen und die Kronenhalle, eine Zürcher Institution, in deren angrenzender, gegen 18 Uhr restlos überfüllter und ab 20 Uhr wieder betretbarer Bar das gut situierte Zürich seinen Apéro, den ersten Schluck Alkohol des Tages, zu nehmen scheint. Ausführliche Informationen finden Sie im MARCO POLO Band »Zürich«.

SEHENSWERTES

Centre Le Corbusier/ Heidi-Weber-Haus **[O]**
Einer der wenigen Bauten, die der berühmte Architekt in seinem Heimatland gebaut hat, dient heute als Ausstellungspavillon für moderne Kunst. Zurzeit wegen Renovierung geschlossen; Wiedereröffnung im Sommer 2005. *Höschgasse 8, Ecke Bellerivestrasse, Tel. 01/383 64 70*

Fraumünster **[U D5]**
Die dreischiffige Pfeilerbasilika mit gotischem Langhaus ist vor allem wegen ihrer fünf farbigen Glasfenster im spätromanischen Chor berühmt und besuchenswert. Marc Chagall schuf sie 1970. *Im Sommer 9–18, im Winter 10–16 Uhr, Münsterhof*

Insider Tipp **Masoala-Regenwaldhalle** **[O]**
Unter einem transparenten Glasdach sprießt auf einer Fläche von einem Hektar ein naturgetreues Abbild des Masoala-Regenwalds im Norden Madagaskars. Feucht-heiße Luft, der Gesang von tropischen Vögeln und das Gekreisch von Lemuren empfängt Sie in diesem kleinen Biotop, das zum Zürcher Zoo gehört. *März–Okt. tgl. 10–18, Nov. bis Feb. 10–17 Uhr, Eintritt 22 Franken für den ganzen Zoo, Zürichbergstr. 221, Tel. 01/254 25 00, www.zoo.ch*

Neumarkt/Rindermarkt **[U D–E4]**
Urkundlich schon 1145 erwähnt, gehört die breite Gasse zu den besterhaltenen historischen Teilen Zürichs. Eine Gedenktafel am *Haus Neumarkt 27* weist darauf hin, dass hier am 19. Juli 1819 der Schriftsteller Gottfried Keller geboren wurde.

Thomas-Mann-Archiv **[U E3]**
In zwei Räumen des 1665 erbauten Hauses »Zum oberen Schönenberg«, die von Thomas Mann während seines Exils in der Schweiz als Arbeitszimmer und Bibliothek genutzt wurden, können heute verschiedene Dokumente aus dem Nachlass des 1955 verstorbenen Literatur-Nobelpreisträgers besichtigt werden. *Mi und Sa 14–16 Uhr, Führungen nach Vereinbarung, Tel. 01/632 40 45, Schönberggasse 15*

Weinplatz **[U D4]**
Über den Altstadtplatz, an dem das traditionelle Hotel *Storchen* liegt, in

Das Heidi-Weber-Haus wurde von Le Corbusier persönlich entworfen

Originell, freundlich, lebendig: Fassaden in der Augustinergasse

dem schon der Naturforscher Paracelsus übernachtete, sollte man einmal gehen.

MUSEEN

Grafische Sammlung der Eidgenössischen Technischen Hochschule **[U E3]**
Der mächtige Bau, 1861–64 nach Plänen von Gottfried Semper errichtet, beherbergt eine Sammlung alter und moderner Grafik und Handzeichnungen, darunter Werke von Dürer, Goya und Rembrandt. *Mo–Fr 10–17, Mi 10–20 Uhr oder nach tel. Vereinbarung (Tel. 01/ 632 40 46), Eintritt frei, Eingang Karl-Schmid-Gasse*

Insider Tipp **Haus Konstruktiv** **[U B4]**
Die Kunstrichtung der konstruktiven und konkreten Kunst ist eng mit Zürich verbunden. In dem umgebauten Elektrizitätswerk werden u. a. Werke von Max Bill, Camille Graeser, Verena Loewensberg und Richard Paul Lohse gezeigt. *Mi 12 bis 20, Do/Fr 12–18, Sa/So 11–18 Uhr, Selnaustr. 25, www.hauskonstruktiv.ch*

Kunsthaus **[U E4–5]**
Zürcher Maler des 17./18. Jhs., darunter eine bedeutende Sammlung mit Werken von Johann Heinrich Füssli, nehmen breiten Raum ein. Aber auch die europäische Malerei des 19./20. Jhs. ist mit Werken von Manet, Monet, Renoir, van Gogh, Corinth, Beckmann, Dalí, Picasso und Braque bedeutend vertreten. Das i-Tüpfelchen ist die Alberto-Giacometti-Stiftung im Neubau mit zahlreichen Arbeiten des Schweizer Künstlers. *Di–Do 10–21, Fr–So 10–17 Uhr, Führungen Mi 18.30 und So 11 Uhr, Heimplatz 1*

Museum Rietberg **[O]**
In der neoklassizistischen *Villa Wesendonck im Rieterpark*, in der um

die Mitte des 19. Jhs. ein kulturelles Zentrum war und Zeitgenossen wie Franz Liszt, Johannes Brahms und Conrad Ferdinand Meyer wohnten, werden heute Kunstwerke aus Vorder- und Hinterasien gezeigt. *Di–So 10–17 Uhr, Gablerstr. 15/Enge, www.rietberg.ch*

Schweizerisches Landesmuseum **[O]**

Die Schweizer Geschichte wird in 84 Räumen lebendig. Besonders schön sind die Glasmalereien aus dem Zisterzienserkloster Rathausen bei Luzern aus der Zeit zwischen 1591 und 1623 im Raum 31. Außerdem gibt es Textilien, Schmuck, Interieurs, Uhren etc. zu sehen. *Di–So 10–17, Führungen Di 18 Uhr und nach Vereinbarung, behindertengerecht, Museumstr. 2, Tel. 01/218 65 11*

Insider Tipp

Städtische Sukkulentensammlung **[O]**

25 000 Kakteen, Agaven, Aloe etc. aus Afrika, Süd- und Mittelamerika sind zu sehen. *Tgl. 9–11.30 und 13.30–16.30 Uhr, Führungen nach Vereinbarung (Tel. 01/201 45 54), Auskunft Mi 14–16 Uhr, Mythenquai 88, beim Strandbad*

ESSEN & TRINKEN

Wer das Essen in Zürich nicht zu seiner Zufriedenheit findet, ist selbst schuld. Und deshalb ist ein Überblick über das Gastronomieangebot in der Stadt an der Limmat schwer. Denn gerade in dieser brodelnden Stadt steht der Wechsel für Beständigkeit. Oder, wie es der bekannte Gastrokritiker Beat Wüthrich formuliert: »Da läuft was; da übernimmt einer ein Lokal und, schwuppdiwupp, nach einem Monat, ist ihm alles bereits wieder verleidet ... Er gibt sich keine Mühe mehr, wartet nur darauf, dass ihm ein anderer den horrenden Mietzins von 20 000 Franken monatlich abnimmt.« Da ist es wieder, das teure Pflaster. Es spiegelt sich natürlich in den Restaurantpreisen wider. Schon fürs *Cüpli,* das Glas Champagner, sind 12 oder 14 Franken die untere Grenze. Wenn nicht anders angegeben, kann man in den Restaurants mittags 12–15 und abends 18–23 Uhr warm essen.

Alpenrose **[O]**

In dieser ehemaligen Arbeiterbeiz im Kreis 5 wird die beste Schweizer Küche der Stadt serviert. Das Jugendstil-Interieur ist original, die Bedienung freundlich und sehr kompetent. *Mo geschl., Di, Sa/So erst ab 18 Uhr, Fabrikstr. 12, Tel. 01/271 39 19, €€*

Café Zähringer **[U D3]** Insider Tipp

In der selbst verwalteten Genossenschaftsbeiz ist das Essen besonders günstig und trotzdem gut (kein Verzehrzwang). *Mo erst ab 18 Uhr, Zähringerplatz 11, Tel. 01/252 05 00, € (die meisten Gerichte gibt es für unter 20 Franken)*

Kronenhalle **[U E5]**

★ Nach wie vor *die* Institution in Zürich: Noch immer hängen die Originale von Chagall bis Picasso an den Wänden. Und noch immer gibt es ein Wiener Schnitzel mit Rösti zum Niederknien. *Tgl., Rämistr. 4, Tel. 01/251 66 69, €€– €€€*

Petermanns Kunststube **[O]**

6 km südlich von Zürich, in Küsnacht, liegt der Feinschme-

ckertempel mit Seeblick. *So und Mo geschl., Seestr. 160, Tel. 01/ 910 07 15,* €€€

Insider Tipp

Reithalle Gessnerallee **[U B3]**
Der alte Pferdestall gehört zu einem Theater und ist Treff junger Leute jeder Couleur. *Tgl., Gessnerallee 8, Tel. 01/212 07 66,* €

Vorderer Sternen **[U E5]**
Hier, neben dem Bellevue, werden währschafte Gerichte serviert, z. B. Cordon bleu oder Aargauer *Mistchratzerli* (Hähnchen) mit Rosmarinbutter. Wer's einfacher mag, kann sich beim dazugehörigen Grill draußen mit Bratwurst und Bürli eindecken. *Tgl., Theaterstr. 22, Tel. 01/251 49 49,* €–€€

EINKAUFEN

Selbstredend ist Zürich ein hervorragendes Shopping-Revier. In der Bahnhofstrasse und der angrenzenden Altstadt bekommt man alles – wenn man über das nötige Kleingeld verfügt ...

Originelle Souvenirs vom Schweizer Heimatwerk

Café Schober **[U D4]**
Hier gibt es die berühmten Champagnertruffes von Teuscher. *Napfgasse 4*

Floh- und Spezialitätenmarkt **[U D3]**
April–Okt. Sa 7–15 Uhr auf dem *Bürkliplatz.* Ende März–Anfang Dez. Do und Sa 10–21 Uhr auf dem *Rosenhof.*

Insider Tipp

Schweizer Heimatwerk
Hier bekommen Sie traditionelles, aber auch modernes Kunsthandwerk auf hohem Niveau aus der ganzen Schweiz: u. a. Kuhglocken, Sennerkutten, Taschenmesser. Filialen: *Bahnhofstr. 2, Rennweg 14, Rudolf-Brun-Brücke*

ÜBERNACHTEN

Das Angebot an Unterkünften in Zürich ist weltstädtisch. Es reicht vom Luxushotel über die Jugendherberge bis zur alternativen Pension. Wer nicht reserviert, läuft aber Gefahr, lange suchen zu müssen.

Altstadt **[U D5]**
Das sehr persönlich geführte, kleine Hotel liegt mitten in der Altstadt, nur wenige Gehminuten von der berühmten Kronenhalle entfernt. *23 Zi., Kirchgasse 4, Tel. 01/ 250 53 53, Fax 250 53 54, www.hotel-altstadt.ch,* €€

Greulich **[O]**
Sehr schönes, ruhiges Designhotel im lebendigen Stadtteil Aussersihl. Ein Birkenhain verschönert den Hotelgarten. *18 Zi., Herman Greulich-*

Str. 56, Tel. 043/243 42 43, Fax 243 42 00, www.greulich.ch, €€

Otter **[U E5]**
Mitten in der Altstadt mit trendiger Bar im Erdgeschoss. *16 Zi., Oberdorfstr. 7, Tel. 01/251 22 07, Fax 251 22 75, www.wuesk.ch,* €

Jugendherberge **[O]**
Für die Monate Juli und August ist auf jeden Fall eine Voranmeldung nötig. Die Übernachtung im 6-Bett-Zimmer kostet pro Person 31 Franken, ein Einzelzimmer 65 Franken (Frühstücksbüfett inkl.). Ganz billig kann hier gegessen werden: Mittags und abends gibt es Hauptgang, Nachspeise und Getränk für 11,50 Franken. *Mutschellenstr. 114, Tel. 043/399 78 00, Fax 399 78 01*

Zürichberg **[O]**
Von diesem hoch über Zürich am Waldrand gelegenen Hotel genießen Sie einen tollen Blick auf Stadt, See und Berge. *66 Zi., Orellistr. 21, Tel. 044/268 35 35, Fax 268 35 45, www.zuerichberg.ch,* €€

AM ABEND

Cabaret Voltaire **[D4]**
Die Kunstbewegung Dada ist nach rund 90 Jahren wieder an ihren Geburtsort in Zürich zurückgekehrt. Im altehrwürdigen, zweistöckigen Kulturraum wird ein abwechslungsreiches Programm geboten. Es gibt auch eine Cafébar. *Mo geschl., Spiegelgasse 1, Tel. 043/268 57 20, www.cabaretvoltaire.ch*

Kino
Es gibt fast 40 Kinos in der Stadt. Die meisten Filme laufen in der Originalversion mit Untertiteln. Die Zürcher Tageszeitungen bringen eine tägliche Programmübersicht.

Niederdorf
Bei einem Bummel durch die rechtsufrige Altstadt trifft man auf Schritt und Tritt auf Kneipen, Nachtclubs und Straßenmusikanten und erfährt auch, wo in der Technohochburg Zürich die nächste Raveparty angesagt ist.

Theater
Im Dreieck zwischen den großen drei Bühnen *(Schauspielhaus* mit altem Spielort beim Kunsthaus und dem *Schiffbau* im Industriequartier, *Oper* und *Tonhalle)* gibt es eine reiche Theaterlandschaft mit vielen interessanten Kleinkunstbühnen. Kulturinformationen holt man sich am besten im »züritipp«, der Freitagsbeilage des »Tages-Anzeigers«. Der zentrale Vorverkauf findet in der *Billettzentrale Zürich, Bahnhofstr. 9 (Tel. 01/221 22 83)* statt. Die wichtigsten Adressen:
Opernhaus, Falkenstr. 1, Billetkasse Tel. 01/268 66 66
Schauspielhaus, Rämistr. 34, und Schiffbau, Schiffbaustr. 4, für beide: Tel. 01/258 77 77
Tonhalle, Claridenstr. 7, Tel. 01/206 34 34

AUSKUNFT

Zürich Tourismus
Verkehrsbüro im Gebäude des Hauptbahnhofs, Nordseite Bahnhofshalle, Mai–Okt. Mo–Sa 8 bis 20.30, So 9–18.30 Uhr, in den Wintermonaten Mo–Sa 8.30–19, So 9–18.30 Uhr, Tel. 044/215 40 00, Hotelreservation Tel. 215 40 40, Fax 215 40 44, www.zuerich.com

ZIELE IN DER UMGEBUNG

Aargauer Kunsthaus [119 F3]

★ Das Kunsthaus im ca. 50 km westlich von Zürich gelegenen Aarau beherbergt eine der wichtigsten und umfassendsten Sammlungen neuerer Schweizer Kunst vom ausgehenden 18. Jh. bis in die Gegenwart – u. a. Cuno Amiet, Louis Soutter und Verena Loewensberg. Mit dem 2003 eröffneten Erweiterungsbau der Basler Architekten Herzog & de Meuron wurde die Ausstellungsfläche verdoppelt. *Di bis So 10–17, Do 10–20 Uhr, Aargauerplatz, Tel. 062/835 23 30*

Appenzell [121 D3]

★ Das Appenzeller Land zählt zu den besonders schönen Ecken der Schweiz. Die hügelige Landschaft mit ihren typischen Streusiedlungen, die herausgeputzten Dörfer und der alles überragende Alpstein mit dem berühmten Säntis lohnen einen Abstecher. Besonders Appenzell selber mit seinem Ortsbild, das aus der Zeit nach dem großen Brand im Jahr 1560 stammt, ist einen Halt wert. Die bunt bemalten Holzhäuser mit ihren geschweiften Giebeln verleihen der Hauptgasse einen besonderen Charakter. Auch der *Landsgemeindeplatz* mit der alten Gerichtslinde in der Mitte ist von hohen und niedrigen Gebäuden umgeben. Die Lage Appenzells hat es mit sich gebracht, dass es weder durch Autobahnen noch durch Gleise der Schweizer Bundesbahnen erschlossen ist. Deshalb fahren pittoreske Privatbahnen auf Schmalspur durch die Landschaft. Der Verkehrsclub der Schweiz empfiehlt einen Ausflug ins Appenzeller Land besonders: Man fährt mit der Eisenbahn in zehn Minuten von St. Gallen nach Gossau, steigt dann in die Appenzeller Bahn um, die 45 Minuten bis nach Appenzell, dem Hauptort des Kantons Appenzell-Innerrhoden, braucht. Dort führt ein Höhenwanderweg nach Gais (zwei Stunden bei normalem Tempo). Schließlich fährt die Gaiser Zahnradbahn durch eine malerische Landschaft mit wunderschönen Ausblicken in 45 Minuten wieder hinunter nach St. Gallen.

Kleines zänkisches Bergvolk

Mark Twains Reiseeindrücke

Amerikaner führen neben Japanern, Briten und Deutschen die Häufigkeitstabelle der Schweiz-Reisenden an. Einer der ersten Amerikaner, die die Schweiz bereisten, war der Schriftsteller Mark Twain. In sein Reisetagebuch schrieb er über die Menschen im Land voller Zorn: »kleines zänkisches Bergvolk«. Trotzdem fand er nach seinem Grenzübertritt von Deutschland aus auch viel Lobenswertes: »Am nächsten Morgen fuhren wir mit der Eisenbahn nach der Schweiz und erreichten Luzern gegen zehn Uhr abends. Meine erste Entdeckung war, dass man die Schönheit des Vierwaldstätter Sees nicht übertrieben hatte.«

Bodensee **[121 D–E 1–2]**
Auch auf Schweizer Seite ist der Bodensee mit seiner weißen Flotte von Ausflugsdampfern ein beliebtes Tagesziel. Auskunft über Fahrpläne, Preise und Sonderfahrten mit Musik gibt die *Schweizer Schifffahrtsgesellschaft Untersee und Rhein* in *Schaffhausen (Freier Platz 7, Tel. 052/634 08 88, www.urh.ch).* Direkt am See liegt der Ort *Romanshorn* mit seinem 1200 Jahre alten *Schloss,* in dem heute das *Hotel Schloss* mit Restaurant untergebracht ist *(22 Zi., Schlossbergstr. 26, Tel. 071/466 78 00, Fax 466 78 01, www.hotelschloss.ch, €€).* Vor dem Ortseingang (von St. Gallen aus) geht es rechts ab zum Anleger der Fähre, die im Stundentakt das schweizerische Romanshorn mit dem deutschen Friedrichshafen verbindet. In den Kiosken am See gibt es für 4,90 Franken eine nützliche »Bodensee Uferbeschreibung«, in der jeder Ort entlang des Sees mit seinen Sehenswürdigkeiten erwähnt ist. Ausführlich berichtet der MARCO POLO Band »Bodensee«.

Einsiedeln **[120 B4]**
Der kleine Ort in der voralpinen Zentralschweiz ist durch sein berühmtes Benediktinerkloster ein Wallfahrtsort und wichtiges religiöses Zentrum geworden. Das gewaltige Klosterviereck, erbaut 1704 bis 1780 nach Plänen des Klosterbruders Kaspar Moosbrugger, ist der größte und zugleich geschlossenste Barockbau der Schweiz. Die herrlichen Fresken der Kirche stammen von den Brüdern Asam.

Glarnerland **[120 C5]**
Auf halbem Weg von Zürich nach Chur öffnet sich in den Alpen ein tief eingeschnittenes, von mächtigen Bergklötzen begrenztes Tal: das Glarnerland oder auch »Zigerschlitz« genannt, weil dort der Schabziger, ein rezenter Käse, hergestellt wird. Als lohnendes Ausflugsziel bietet sich das autofreie Braunwald an, das mit einer Standseilbahn zu erreichen ist.

Hirzelhöhe **[120 B4]** Insider Tipp
Bei *Wädenswil,* in dessen Schloss sich die Eidgenössische Versuchsanstalt für Garten-, Obst- und Weinbau befindet, erstreckt sich die Zimmerbergkette. Ihren höchsten Punkt, die *Hirzelhöhe,* erreichen Sie von dem Dorf *Hirzel* an der Straße von Wädenswil nach Sihlbrugg. Bei guter Fernsicht haben Sie einen phänomenalen Blick über den Zürichsee auf der einen sowie den Zuger und Vierwaldstätter See auf der anderen Seite.

Liechtenstein **[121 E4]**
Im kleinen Fürstentum zwischen der Schweiz und Österreich gibt es die Städtchen *Vaduz* mit dem Regierungssitz und *Schaan,* ein kleines Industriezentrum. Sie sind über die Rheintalautobahn zu erreichen. Die Ausfahrt auf schweizerischer Seite ist Buchs. Das *Schloss Vaduz* kann nicht besichtigt werden, denn es dient dem das »Ländle« ziemlich autokratisch regierenden Fürsten noch als Wohnsitz. Besuchenswert ist das *Postmuseum* mit Ausstellungen der berühmten Liechtensteiner Briefmarken. Über Öffnungszeiten gibt das *Verkehrsbüro (Tel. 00423/232 14 43, www.tourismus.li)* Auskunft. Zum Übernachten lädt zum Beispiel das Hotel *Real (13 Zi., Städtle 21, Tel. 00423/232 22 22, Fax 232 08 91, www.hotel-real.li,*

€€) ein, in dem das sehr gute Restaurant *Au Premier (€€€)* Weine aus eigenem Anbau kredenzt.

Rapperswil **[120 C4]**

Bei einem Spaziergang an der Uferpromenade erschließt sich das malerische Städtchen auf einer Halbinsel am Nordufer des Zürichsees. An der Allee gibt es einige Restaurants, die Terrassen im ersten Stock haben und deshalb einen schönen Blick übers Wasser ermöglichen. Dort liegt auch das *Hotel Schwanen* mit seiner schönen Terrasse *(19 Zi., Seequai 1, Tel. 055/220 85 00, Fax 210 77 77, www.schwanen.ch, €€)*. Die Ansicht von Rapperswil wird vor allem durch das *Schloss* aus dem 13. Jh. geprägt, in dem heute das von polnischen Immigranten gegründete *Polenmuseum* untergebracht ist *(April–Okt. tgl., Nov./Dez. und März nur Sa/So 13–17 Uhr)*, das die Geschichte Polens beleuchtet. Der berühmte Nationalzirkus der Schweiz, Knie, betreibt an seinem Winterstandort in Rapperswil einen *Kinderzoo*. Empfehlenswert: eine Schifffahrt von Rapperswil zurück nach Zürich. Auskunft: *Tourist Information, Tel. 055/220 57 57, Fax 220 57 50*

St. Gallen **[121 D3]**

Karte auf Seite 130

Na klar, die Bratwurst! Die Entstehung der Stadt, Zentrum der Ostschweiz, geht auf die Klostergründung des heiligen Gallus im Jahr 612 zurück. Sie ist über die Grenzen vor allem wegen der typischen Kalbsbratwurst bekannt, die hier mit einer pikanten Zwiebelsoße und Rösti serviert wird. Doch die Stadt hat viel mehr zu bieten. Die Altstadt, die direkt an den Klosterbezirk mit der zweitürmigen *Stiftskirche St. Gallus und Otmar* aus dem 18. Jh. anschließt, hat teilweise ihren spätgotischen Charakter bewahrt. In der ★ *Stiftsbibliothek*, dem schönsten Rokokosaal der Schweiz, lagern 140 000 Handschriften, Frühdrucke und Bücher von weltweiter Bedeutung und unermesslichem Wert. Bekannt ist St. Gallen auch durch seine Hochschule mit wirtschaftswissenschaftlicher Ausrichtung. Kulinarisch ist die Gaststube *Jägerhof (Sa mittags und So geschl., Brühlbleichestr. 11, Tel. 071/245 50 22, €€)* zu empfehlen. Angenehm und ruhig wohnen können Sie in der Altstadt im Hotel *St. Gallen (24 Zi., Bankgasse 12, Tel. 071/227 61 00, Fax 227 61 80, €€)*. Als Mitbringsel bieten sich der St. Galler Biber, ein Marzipan-Lebkuchen, und die St. Galler Stickereien an, die man z. B. bei *Sturzenegger (Marktgasse 21)* bekommt. Auskunft: *Tourist Information, Bahnhofsplatz 1a, Tel. 071/227 37 37, www.st.gallen-bodensee.ch*

Schaffhausen/ Rheinfall **[120 B1–2]**

Der Stadtrand täuscht. Die Industriegebiete könnten von einem Besuch abhalten, sollten es aber nicht, denn in der Altstadt gibt es viele hübsch verzierte Häuser und Plätze mit alten Brunnen. Schaffhausen war früh, schon vor dem 12. Jh., Handelsplatz, weil die Flussschiffer ihre Waren hier anlanden mussten, um sie auf Wagen am Rheinfall vorbeizutransportieren. Der weltbekannte ★ *Rheinfall* von Schaffhausen stürzt am Westende der Rheinschleife um den Vorort Neuhausen auf 150 m Breite bis zu 20 m in die

Tiefe. 3 km vom Rheinfall flussaufwärts gibt es einen Wallfahrtsort für Feinschmecker: das *Hotelrestaurant Fischerzunft*, in dem Küchenchef André Jaeger für höchste Qualität bürgt (*10 Zi., Rheinquai 8, Tel. 052/632 05 05, Fax 66 32 05 13, Hotel €€, Restaurant €€€*).

Toggenburg **[121 D3–4]**
Das Toggenburg ist nur eine Autostunde von Zürich entfernt, und doch liegt die herrliche voralpine Region abseits der großen Touristenströme – gut versteckt hinter den sieben Bergen. Damit sind die sieben Zacken der *Churfirsten* gemeint, neben dem Säntis das andere Wahrzeichen der Region. Im Sommer ist die Gegend ein herrliches Wander- und Bikerrevier, im Winter ist Skifahren angesagt. Auf dem Toggenburger Sagenweg können Sie eine fünfstündige Wanderung durch abenteuerliche Sagen, mystische Legenden und phantastische Geschichten unternehmen. Start ist bei Alt St. Johann auf der Selamatt. Auskunft: *Toggenburg Tourismus, Hauptstrasse, 9658 Wildhaus, Tel. 071/999 99 11, Fax 999 29 29, www.toggenburg.ch*

Insider Tipp

Walensee **[121 D4]**
★ Der 15 km lange und 2 km breite See ist wegen seiner Nordflanke sehenswert. Denn dort fällt die Gebirgskette der Churfirsten mit bis zu 1000 m hohen Steilwänden gleichsam ins Wasser. Die Orte am Nordufer des Sees sind nur mit dem Schiff zu erreichen. Auskunft über Fahrpläne gibt das *Tourismus Büro* in Walenstadt am Ostende des Sees (*Seestr. 60, Tel. 081/735 22 22*).

Winterthur **[120 B2]**
Die Stadt ist für ihre Kunstsammlungen bekannt. Ausgezeichnet: die ehemalige *Privatsammlung Oskar Reinhart*, die von alten Meistern bis zu den Franzosen des 19. und frühen 20. Jhs. reicht (*Di 10–20, Mi bis So 10–17 Uhr, Stadthausstr. 6*).

So aufgewühlt sieht man den Rhein selten: Rheinfall bei Schaffhausen

Bewegung und Gesundheit

Die Touren sind in der Karte auf dem hinteren Umschlag und im Reiseatlas ab Seite 118 grün markiert

1 VELOLAND SCHWEIZ: DIE JURA-ROUTE

Diese Tour führt von Basel bis Nyon am Genfer See über die schönen Hochebenen des Jura entlang der französischen Grenze. Sie begegnen halb wilden Pferdeherden und genießen grandiose Ausblicke über fast die halbe Schweiz. Es liegt Ihnen das Mittelland zu Füßen, das sich zwischen dem Jura und den Alpen vom Bodensee bis zum Genfer See erstreckt und das man an klaren Tagen fast ganz zu überblicken glaubt. Auf alle Fälle ist der Blick auf den Alpenkranz überwältigend, diese Kette der schnee- und eisbedeckten Viertausender, aus denen – vom Jura her gesehen – das berühmte Dreigestirn Eiger, Mönch und Jungfrau herausragt. Das breite Angebot öffentlicher Verkehrsmittel lässt alle Optionen offen: Man kommt mit Bahn und Bus praktisch überallhin, kann die Tour also an beliebigen Orten beginnen und beenden. Von St. Ursanne nach Nyon braucht man 2–7 Tage, je nach Tempo und Routenwahl. Länge: 200–300 km

Wellness mit toller Aussicht: Mineralbad in Bad Scuol

Unter dem Label »Veloland Schweiz« überzieht ein Radwegenetz das ganze Land: Auf neun Hauptrouten, die über verkehrsarme Wege führen, vorzüglich mit dem Fahrrad (in der Schweiz: Velo) zu befahren und vorbildlich ausgeschildert sind, ist es in der überschaubaren Schweiz ein Genuss, gerade so lange zu radeln, bis Durst oder Müdigkeit sich melden. Jedes kleine Dorf verfügt über mindestens eine Kneipe oder eine Pension. Alle Routen sind in drei Ringbüchern gesammelt, mit Karten dokumentiert und mit Informationen über Steigungen, öffentliche Verkehrsmittel, Werkstätten etc. versehen. Zudem haben sich viele Restaurants, Hotels, Bauern, Transportbetriebe etc. als Partnerbetriebe zu velo-freundlichen Dienstleistungen verpflichtet. Herausgeber ist die Stiftung Veloland Schweiz. Erhältlich sind die Ringbücher im Buchhandel, an Kiosken oder bei *Schweiz Tourismus, Postfach, 8027 Zürich, Tel. 00800 100 200 30, Fax 00800 100 200 31, www.veloland.ch.*

Charmantes Haus in Delémont

In unserem Beispiel fahren Sie mit dem Zug über *Delémont (S. 36)*, die Hauptstadt des Kantons Jura, nach *St. Ursanne*, einem mittelalterlichen Städtchen am Lauf des landschaftlich äußerst reizvollen Grenzflusses Doubs. Gleich zu Beginn erwartet Sie eine der wenigen happigen Steigungen. Die Belohnung folgt sogleich, finden Sie sich doch auf der für den Jura typischen Hochebene wieder, den so genannten Freibergen, wo sich karges Weideland, Baumgruppen und Waldstücke mit gigantischen Schirmtannen zu einem der schönsten Landschaftsbilder der Schweiz formieren. Sie gelangen leicht bis *Saignelégier*, das für seine Tradition und die Zucht der robusten Freiberger Pferde berühmt ist. Auch müde Beine kommen zu ihrem Recht, etwa im kollektiv geführten *Café du Soleil (Tel. 032/951 16 88, Fax 951 22 95, www.cafe-du-soleil.ch,* €), wo sieben schön renovierte Zimmer und im Anbau 22 weitere Zimmer zum Übernachten einladen.

Am nächsten Tag führt der Weg vorbei am idyllischen *Étang de la Gruère*, einem Moorsee in einem nordisch anmutenden Naturschutzgebiet. Ein Bad im seifigen Moorwasser ist zwar nicht die Sache von Sauberkeitsfanatikern, aber ungewöhnlich und gesund!

Über den *Mont Crosin* mit seinen Windturbinen erreichen Sie den *Mont Soleil* über St. Imier, wo der Schweiz größtes Sonnenkraftwerk arbeitet. Das dortige Sporthotel hat schon bessere Zeiten gesehen, dafür ist die Aussicht beim Frühstück auf der Terrasse grandios.

Überall stoßen Sie auf Landgast- oder Bauernhöfe, wo Sie auch gut hätten übernachten können, und freuen sich, dass die Route nach *La Chaux-de-Fonds (S. 33)* fast nur noch abfallend ist. Die Hauptstadt der Schweizer Uhrenindustrie hat Charme und ist interessant, weil man sie nach einem verheerenden Feuer im 18. Jh. entlang eines exakt rechtwinklig angelegten Straßennetzes wieder aufgebaut hat.

Wer nicht bleiben möchte oder noch vorwärtskommen will, lädt das Fahrrad in den Zug und fährt am Rand einer zauberhaften Ebene nach *Les Ponts-de-Martel*, wo die Fahrt am nächsten Tag durch eine ebenso zauberhafte Hochmoorlandschaft fortgesetzt werden kann. Vorbei an einsamen Höfen und den staunenden Straußen einer Farm erreichen Sie nach einer tollen Schussfahrt das *Val de Travers*, ein dicht besiedeltes und wasserreiches Tal. Dort können Sie eine noch bis 1986 betriebene Asphaltmine besichtigen, sich im hübschen Schwimmbad bei Boveresse eine willkommene Abkühlung gönnen oder im Bezirkshauptort *Môtiers* das Wohnhaus, in das sich der Naturphilosoph Jean-Jacques Rousseau zurückzog, besichtigen.

Lassen Sie sich dann mit dem Postauto noch ins Hochtal von *La Brévine*, dem Sibirien der Schweiz, fahren, wo im Winter nicht selten minus 40 Grad gemessen werden, und genießen Sie dort oberhalb des geheimnisvollen *Lac des Taillères* im einsam gelegenen Hotelrestaurant *Les Cottards* den verdienten Feierabend *(nur Mai–Okt., Mo geschl., Tel. 032/935 15 55, €)*. Oder aber Sie übernachten in *Fleurier* oder *Buttes*, nehmen samt Fahrrad am anderen Morgen den Sessellift und erreichen, nachdem Sie auf dem landschaftlich äußerst reizvollen *Le Chasseron* die prächtige Aussicht über den Genfer See bis zum Montblanc ausgiebig genossen haben, das Städtchen *Ste. Croix* *(S. 23)* mit etlichen guten Cafés und Restaurants. Dort dürfen Sie auch das *Spieldosenmuseum* nicht verpassen!

Die nächste Etappe rund um die imposante Erhebung *Aiguille de Baulmes* bis *Lignerolle* ist landschaftlich ebenso reizvoll. Das gilt aber kaum für das Stück bis Vallorbe, und für die Steigung bis zum *Lac de Joux* auf etwa 1000 m über dem Meer nehmen Sie mit Vorteil den Zug. Dort präsentiert sich jedoch entlang des Sees eine grandiose Landschaft. In diesem abgeschiedenen Tal mit seiner klaren Luft hat sich bis heute die Präzisionsuhrenherstellung halten können. In *Le Brassus* warten gemütliche Hotels auf die müden Fahrenden, und wer nach ungestörter Ruhe die 300 m auf den *Mont de Bière* nicht scheut, wird belohnt mit einer Fahrt durch den *Parc jurassien vaudois*, eine naturnahe Kulturlandschaft mit Mooren, Karstfelsen, Dolinen und Hun-

Eine echte Herausforderung: mit dem Mountainbike durch die Berge

derten von Kühen. Schließlich folgt die Abfahrt durch hübsche Weinbauerndörfer am Abhang zum Genfer See bis Nyon, wo Sie als Zückerchen noch das Schiff Richtung Genf oder Lausanne via Evian auf der französischen Seite nehmen können.

Natürlich lässt sich ungefähr entlang der Veloroute eine ähnliche Strecke auch als Autotour zusammenstellen.

2 ALPENWASSER: WELLNESS IN VERSCHIEDENEN BÄDERN

Die Alpen bringen gesunde und mineralhaltige Wasser hervor, die schon die Römer nutzten. Entsprechend ist über die Schweiz verstreut eine Vielzahl von Thermalbädern zu finden, die sich im Zug des Wellnesstrends und dank moderner Architektur oder großartiger Lage regen Zulaufs erfreuen. Vor allem die Vielfalt der Umgebung macht in der Schweiz abwechslungsreiche Badeferien möglich. Exemplarisch soll dies auf einer Route von der Nordgrenze zum Südostzipfel der Schweiz dargestellt werden. Die Route kann mit dem Auto, aber auch sehr gut mit öffentlichen Verkehrsmitteln in Angriff genommen werden. Länge: 300 km, Zeitbedarf: nach Lust und Laune

Wenn Sie aus Deutschland bei Waldshut in die Schweiz kommen, stoßen Sie kurz hinter der Grenze auf das erste Bad: das Glaubersalzbad von *Zurzach,* dessen 39 Grad warme Quelle man erst in den 1950er-Jahren anzapfte. Auf dem Weg Richtung Zürich treffen Sie auf das Kurstädtchen *Baden,* das eine 2000-jährige Bädergeschichte aufweist. Seine 19 Quellen gelten als die mineralreichsten der Schweiz, und die alten Hotelkästen zeugen von der langen Tradition.

Sie fahren weiter gen Südosten und lassen Zürich links liegen. Beinahe wäre Zürich auch zur Bäderstadt geworden, schlummert doch in der Tiefe ebenfalls Mineralwasser. Dieses wurde eine Zeit lang auch als solches verkauft, allerdings nie in einem Bad genutzt: Das Stimmvolk hatte sich gegen den Bau eines Thermalbads entschieden.

Vom reichen Wasserhaushalt des Alpenlands zeugen auch die vielen Seen. Dem langen *Zürichsee* folgt der ebenso schmale *Walensee (S. 85),* eingezwängt zwischen zwei Bergmassiven: Imposant auf der linken Seite die *Churfirsten,* sieben steil in den Himmel ragende Felsklötze, gefolgt vom nicht weniger markanten *Alviermassiv.* Schnurgerade führen Autobahn und Bahn in die so genannte Bündner Herrschaft, einen Teil des oberen Rheintals, das durch mildes Klima geprägt ist und ebenso milde Blauburgunderweine hervorbringt. Dort liegt das nächste Ziel: *Bad Ragaz.* In der *Taminaschlucht* südlich von Ragaz entdeckte man 1242 die heilenden Wasser. Damals wurden die Rekonvaleszenten vom benachbarten Pfäfers noch an langen Seilen zum Bad in die Schlucht hinuntergelassen, doch Ragaz hat sich dank anspruchsvoller Hotellerie, Golf- und Flugplatz sowie reicher Möglichkeiten im Sommer wie im Winter den Ruf einer noblen Erholungsoase erworben. Lassen Sie dann wiederum eine Hauptstadt – *Chur (S. 57),* diejenige des Kantons Graubünden – links liegen und folgen Sie zwischen

Reichenau und Ilanz der *Rheinschlucht*, einem grandiosen Cañon von seltener Schönheit. Am Ende eines Seitentals erreichen Sie *Vals*, eine der wenigen deutschsprachigen Ortschaften inmitten des Teils der Schweiz, in dem die vierte Landessprache, Romanisch, gesprochen wird. Das Valser Mineralwasser ist dank pfiffiger Slogans in aller Munde, der Ort hat aber auch dank seines Thermalbads Schlagzeilen gemacht. Realisiert wurde es von dem einheimischen Stararchitekten Peter Zumthor, der es mit flachen Valser Quarzitplatten sozusagen aufschichtete – derselbe Stein, mit dem auch die Valser Hausdächer gedeckt sind. Entstanden ist ein architektonischer Wallfahrtsort, der mit seiner noblen Schlichtheit die Sinne betört.

Insider Tipp

Zurück im Rheintal, biegen Sie bei Reichenau in Richtung Engadin ab und folgen dem Landwasser via *Davos (S. 59)* und dem Flüelapass nach Susch oder mit der Rhätischen Bahn der Landquart nach Klosters und sind dank des Vereinatunnels in kurzer Zeit im Unterengadin. In *Scuol* – oder *Schuls* – findet sich eines der schönsten Bäder. Im Bassin im Freien schaut man im Herbst durch die gelben Lärchen auf die schon schneebedeckten Berge gegenüber, und das alles im berühmten, gleißenden Engadiner Licht, das auch den Himmel tiefblau erscheinen lässt.

Eine lange Tradition weist das benachbarte *Bad Tarasp-Vulpera* auf, das vor allem durch seine Trinkhalle im Gespräch ist. Talabwärts sind weitere Perlen zu finden. So im *Val Sinistra*, wo ein gut verstecktes Hotel früher noch arsenhaltige Bäder anbot, oder aber in *Samnaun*, dem hintersten Zipfel Graubündens, das nicht nur als Zollfreigebiet und Skiarena, sondern auch mit seinem Erlebnisbad einen würdigen Abschluss der Bäderreise abgibt.

Chur, Graubündens liebenswerte Hauptstadt

swatch

Abenteuer am Berg

Ob auf Skiern oder am Gleitschirm, auf dem Snowboard oder im Fahrradsattel – die Schweiz ist ein Eldorado für Winter- und Trendsportler

Breitensport wird in der Schweiz groß geschrieben. Bewegung und Sport fangen bereits mit der frühkindlichen Erziehung an. Kein Dorf ohne Turn-, Wander- oder Skiverein! Während der Sportferien (vor allem im Februar) sind die Wintersportorte regelmäßig überlaufen. Also buchen Sie frühzeitig. Neben Fußball sind Eishockey, Handball und Hockey beliebte Mannschaftssportarten. Im Sommer verreisen Familien gerne für Wanderferien in die Berge. Und die Jungen? Die tun das, was in anderen Ländern auch in ist: Skateboarden im Sommer und Snowboarden im Winter – möglichst zu lautem Sound. Termine für Events finden Sie unter *www.freestyle.ch.*

BERGSTEIGEN & WANDERN

Die Schweiz ist und bleibt ein traditionelles Wander- und Bergsteigerland. Schweizer wandern gern und viel. Insgesamt gibt es über 60 000 km markierte Wanderwege. Gelbe Schilder mit schwarzer Schrift und gelbe Markierungen am Wegrand weisen den Weg. Neuerdings finden sich thematische Wanderwege, die sich großer Beliebtheit erfreuen wie z. B. Barfußwege, Murmelitrails, Bibel-, Sagen- und Skulpturenwege oder der ★ »Weg der Schweiz« am Vierwaldstätter See. Klassische Kantone für Wanderungen und Bergtouren sind Graubünden, Bern und Wallis. Wer sich mehr fürs Wandern in den weniger gefährlichen Regionen interessiert, findet viel Wissenswertes unter *www.swisshiking.ch.* Unter dieser Adresse können Sie auch Informationsmaterial mit Wanderkarten für die klassischen Wandergebiete bestellen. Vorschläge für außergewöhnlich schöne Wanderungen und Bergtouren finden Wanderfreudige noch auf zwei weiteren Websites: *www.tourenguide.ch* und *www.wanderweb.ch.* Auf Letzterer erfahren Sie Historisches und Anekdotisches über die bewanderte Region, zudem finden Sie Tipps, wo Sie gut und preiswert essen und übernachten können.

Wer in den höheren Bergregionen klettern will, sollte dies nur unter sachkundiger Leitung mit einem lokalen Bergführer tun. Gletscherspalten, brüchiger Fels und rasante Wetterumschläge sind nicht zu unterschätzende Gefahren in den Alpen. Unter *www.4000plus.ch* finden Sie alle Bergsteigerschulen und Bergführer, die sich an den Ehrenkodex des Schweizer Verbandes für

Gleitschirm fliegen – aufregendes Vergnügen für Abenteuerlustige

Bergwanderer am Rothorn über Lenzerheide

Bergführer halten. Hier können Sie auch Kurse – z. B. für Sportklettern, Felsklettern, Trekking oder Gleitschirmfliegen – buchen. Wenn Sie in den Alpen unterwegs sind, sollten Sie die Notrufnummer der Schweizerischen Rettungsflugwacht stets im Kopf haben: *1414*.

INLINESKATING

Die Schweiz fliegt auf Skates: Kein Land auf der Welt kennt eine höhere Skaterdichte als die Schweiz. Äußerst beliebt sind die verschiedenen Wettkampfveranstaltungen, wie der Marathon für Skater im Engadin im Sommer. Mit Ihren Rollschuhen können Sie fast durchgehend durch die ganze Schweiz fahren. Es gibt drei schöne Routen, die die Rhône und den Rhein entlang und durch das Mittelland führen. Es handelt sich dabei um insgesamt 600 km geteerte Wege. In dem Führer »Skatelines Schweiz« finden Sie weitere Tipps. Wissenswertes und Streckenvorschläge finden Sie auch auf *www.veloland.ch.* und auf *www.myswitzerland.com.*

RAD FAHREN & MOUNTAINBIKING

In der Schweiz heißt ein Fahrrad Velo. Ohne weiteres kann man die Schweiz als Veloland bezeichnen. Ein paar Zahlen: Im Jahr 2002 fuhren 3,4 Mio. Radler rund 200 Mio. km. Neun nationale Radwanderrouten von insgesamt 3300 km Länge führen quer durch alle Regionen der Schweiz. Diese neun Routen – ausführlich beschrieben in den Broschüren »Veloland Schweiz« – sind einheitlich ausgeschildert (rote Tafeln mit einem Fahrrad als Signet, Ziel- und Distanzangaben sowie Höhendifferenz) und bringen Sie in reizvolle Regionen der Schweiz. Das nationale Netz wird von über 3000 km regionalen Routen ergänzt. Höhendifferenzen werden im Flachland erst ab 100 m und in den Bergregionen ab 200 m angezeigt. Mountainbiker finden in der Insider Tipp Großregion Flims/Laax/Falera ein wahres Paradies vor: 237 km Straßen und Wege über Wiesen, durch Wälder und felsiges Gebiet, Cross-Country- und Downhill-Strecken. Routenvorschläge, Spezialangebote und weitere Informationen finden Sie unter *www.veloland.ch*. Hier können Sie auch die Broschüren und Streckenbeschreibungen bestellen. Unter *www.tourenguide.ch* finden Sie weitere Vorschläge für Touren. Biker schauen sich *www.move.ch* an.

TRENDSPORTARTEN

Die Schweiz scheint mit ihren natürlichen Gegebenheiten und Herausforderungen für die so genannten Trendsportarten geradezu prädestiniert zu sein. Riverrafting, Gleitschirmfliegen, Canyoning, Bungeejumping, Trekking und Klettern sind nur einige der abenteuerlichen Sportarten, die in der Schweiz regelrecht boomen. Unzählige Wagemutige stürzten sich seit James Bonds berühmtem Bungeesprung in »Goldeneye« von der Staumauer im wilden Tessiner Verzasca-Tal 220 m in die Tiefe. Das Berner Oberland, Tessin und Graubünden sind bekannt für Schluchten und Flüsse, die sich für Riverrafting, Hydrospeed und Canyoning eignen. Auskunft: *Schweizerischer Trendsportverband, 6652 Tegna, Tel. 081/911 52 50, www.swisstrendsport.ch)*. Informatives finden Sie auch unter *www.trekking.ch* und *www.swissraft.ch*. Jüngere finden Angebote und Veranstaltungshinweise auch unter *www.myswitzerland.ch*.

WINTERSPORT

Die Schweiz ist ein Wintersportland, das kaum Wünsche offen lässt. Jede Sportart, die mit Schnee zu tun hat, lässt sich hier ausüben. Die Klassiker sind Abfahrts- und Skilanglauf, Snowboarden, Rodeln und Eislaufen. Hinzu kommen die neueren Trends: Carven, Freeriden (Fahren im Neuschnee), Schneeschuhlaufen, Snowbiken (»Schneeradeln«) und Winterwandern, Halfpipe und Snowparty (Hip-Hop im Freien). Fast in jedem Wintersportort gibt es eine breite Palette an Angeboten für Anfänger bis Fortgeschrittene. Zahlreiche Sportschulen bringen Erwachsenen und Kindern (ab 3 Jahre) das Wedeln bei. Weitere Auskünfte: *Schneesport Schweiz (Tel. 031/810 41 11)*. Unter *www.snowsports.ch* finden Sie rund 200 Ski- und Snowboardschulen und an die 10 000 professionelle Skisportlehrer aufgelistet. Die nötige Ausrüstung kann man in jedem Sportgeschäft mieten: Von Skiern, Boards und Schlitten über Eislaufschuhe bis zur Winterkleidung finden Sie alles. Die schönsten Skigebiete des Landes sind die Jungfrau-Region, Gstaad/Saanenwald, Adelboden/Lenk im Berner Oberland, Les Quatres Vallées (mit Verbier), Crans Montana, Zermatt und Saas Fee im Wallis, Davos/Kloster, Flims/Laax, Oberengadin (mit St. Moritz) und Lenzerheide/Valbella in Graubünden. Informationen über die Skigebiete und einen kostenlosen Schneeferienkatalog gibt es bei Schweiz Tourismus *(www.myswitzerland.com)*. Über Tel. *187* oder unter *www.slf.ch* erhalten Sie Informationen über die Schnee- und Lawinenverhältnisse.

Rodeln, Dinos und Schokolade

Vor allem für Kinder, die sich gern an der frischen Luft bewegen, ist die Schweiz ein gigantischer Abenteuerspielplatz

Vorbei sind die Zeiten, da Kinder in Hotels, Restaurants und Ferienorten als »Störfaktor« galten. Heute werden Ferien mit Kindern gefördert. Die hiesigen Anbieter haben sich in den vergangenen Jahren mächtig ins Zeug gelegt, um das Ferienland Schweiz für Familien und für jedes Budget attraktiver zu machen. »Platz da für Kinder« prangt auf der Titelseite einer Broschüre von Schweiz Tourismus, die Sie kostenlos beziehen können *(www.myswitzerland.com)*. Auf Kinder und Familien zugeschnittene Angebote gehören in vielen Orten zum guten Ton. Seit kurzem bürgt ein Gütesiegel »Familien willkommen«, das von Schweiz Tourismus vergeben und regelmäßig überprüft wird, für Qualität in den schönsten Feriendestinationen der Schweiz.

BERN/MITTELLAND/JURA

Beatenberg **[124 B2]**
Das kleine, feine Dorf liegt oberhalb des Thuner Sees, gilt als »Sonnenterrasse« und hat eine grandiose Aussicht auf das Jungfraujochgebiet. Mit seiner 7 km langen Hauptstraße ist es das längste Dorf Europas. Und weil diese Straße relativ flach ist, ist sie ein Paradies für Skater, Biker und Spaziergänger. Von hier aus lassen sich viele Ausflüge unternehmen, z. B. zu den *St.-Beatus-Höhlen* (rund eine Stunde zu Fuß). Es gibt viele Spazierwege, die mit Kinderwagen befahrbar sind, und geführte Wanderungen ins Niederhorngebiet, wo man ganz sicher Steinböcken begegnet. Hier können Kinder ab 12 Jahren und Erwachsene auch ihre ersten Versuche im Gleitschirmfliegen (begleitet oder unbegleitet) wagen. Auskunft: *Tourist-Center Beatenberg, 3803 Beatenberg, Tel. 033/841 18 18, www.beatenberg.ch*

Auf zum Abenteuer im Schnee: Kinder mit Schlittenhund

Märlipinte in Kerzers **[118 C5]**
Von Erlach am Bielersee aus können Sie die Kinder in ein ganz spezielles Restaurant ausführen: in die *Märlipinte* nach Kerzers am Rande des Seelandes, der Gemüsekammer der Schweiz. Jeder Raum ist märchenhaft eingerichtet, das Mittagessen wird in der Puppenstube oder im Hexensaal serviert und von Feen und Zwergen aufgetragen. Geburtstagskinder tafeln gratis. Übrigens:

Das Essen ist auch für Erwachsene sehr lecker. *Fräschelsgasse 9, Tel. 031/755 51 15, Mo/Di geschl., Mi, Fr/Sa 11–23, Do 11–17, So 11–21 Uhr, Kindermenüs inkl. Getränke 13 Franken, www.maerlipinte.ch*

Rodelbahn Faulhorn **[124 C2]**

Ein Muss im Berner Oberland ist im Winter für alle Rodelfans die mit 15 km Länge und 1600 m Höhenunterschied längste Rodelbahn der Schweiz vom Faulhorn nach Grindelwald. Sie ist nicht nur lang, sondern auch schön: mit Blick auf Eiger, Mönch und Jungfrau. Für den Aufstieg von Grindelwald-First aufs Faulhorn müssen Sie mit drei Stunden rechnen. Bei schönem Wetter ist das Bergrestaurant Faulhorn geöffnet. Auskunft: *Grindelwald Tourismus, 3818 Grindelwald, Tel. 033/854 12 12, www.grindelwald.com*

Tropfsteinhöhle Réclère/ Préhisto-Parc **[118 B3]**

Nur an schönen Tagen können Sie die *Tropfsteinhöhlen von Réclère* in der Nähe von Porrentruy nahe der französischen Grenze besuchen. Wie ein Märchenschloss ist die riesige Höhle beleuchtet, ein gut ausgebauter Weg führt zum tiefsten Punkt, wo in einem Teich winzige Krebse leben. Die Reise an den äußersten Zipfel des Jura, in die landschaftlich schöne Ajoie, lohnt, weil Sie gleichzeitig den *Préhisto-Parc* mit den riesigen Sauriern besuchen können: eine Attraktion für Jung und Alt. *Sept.–Juni tgl. 10–12, 13.30–17.30, Juli/Aug. tgl. 9.30–12, 13–18 Uhr, Höhlen nur April–Nov. geöffnet;* Auskunft: *Hôtel-Restaurant »Les Grottes«, Réclère, Tel. 032/476 61 55, Eintritt für Höhle und Préhisto-Parc 14, Kinder 10 Franken*

GENF/WESTSCHWEIZ/ WALLIS

Ameisenpfad Château-d'Oex **[123 E3]**

Warum sind Ameisen so betriebsam? Auf dem 4,3 km langen Ameisenpfad in Château-d'Oex im reizvollen Waadtländer Oberland erfahren Kinder und Erwachsene mehr über die faszinierende Welt der emsigen Insekten. Der kindergerecht gestaltete Weg führt zudem an einem Bauernhof mit Kleintieren vorbei, die unbedingt gestreichelt werden möchten. Auskunft: *Château-d'Oex Tourisme, Tel. 026/924 25 25, www.chateau-doex.ch*

Geologischer Lehrpfad Binntal **[124 C4]**

Seit mehr als 200 Jahren kommen Bergkristallsammler und Mineralienforscher in dieses wildschöne Seitental des Goms, um nach seltenen Mineralien zu suchen. Auf dem Wanderweg zwischen Imfeld und dem Lengenbach können sich Kinder wie kleine Forscher fühlen und dabei die Gesteine des Tals kennen lernen. Am Schluss erwartet sie ein Grubenmuseum im Fels *(unregelmäßig geöffnet).* Auskunft: *Goms Tourismus, 3984 Fiesch, Tel. 027/970 10 70, www.goms.ch*

LUGANO/TESSIN

Museo del Cioccolato in Caslano **[125 E6]** Insider Tipp

Das *Schokoladenmuseum* in Caslano bei Lugano sollten große und kleine Schleckmäuler unbedingt besuchen. Es ist der Schokoladenfabrik Alprose angegliedert. Nach dem Rundgang im Museum kann man in der Fabrik zusehen, wie die

Ein Steinbock frisst aus der Hand – das macht Kindern Spaß

Leckerei produziert wird. *Via Rompada 36, Caslano, Mo–Fr 9–18, Sa/So 9–17 Uhr, Schokoladenproduktion Mo–Sa nachmittags, Erw. 3, Kinder 1 Franken, www.alprose.ch*

LUZERN/GRAUBÜNDEN

Glasfabrik »Glasi« in Hergiswil **[120 A5]**
Glas vom Feinsten wird in Hergiswil hergestellt. Im Museum erfahren Sie alles über Glas, und in der Fabrik dürfen Sie die Glasbläser bei der Arbeit beobachten. Müde Kinder können sich beim Murmelspiel, im Quarzsandkasten oder auf der Rutschbahn erholen. *5 Min. Fußweg vom Bahnhof, Mo–Fr 9–18, Sa 9–16 Uhr, Eintritt frei, www.glasi.ch*

Klettergarten Boni in Melchsee-Frutt **[120 A6]**
Kletterspaß für die ganze Familie in Melchsee-Frutt im Kanton Obwalden. Hier können sich Eltern und Kinder im Sichern und Abseilen üben. Die Anlage ist auch für geübte Kletterer interessant. Auskunft: *Tourismusverein Melchsee-Frutt, Postfach 78, 6064 Kerns, Tel. 041/660 70 70, www.melchsee-frutt.ch*

BASEL/ZÜRICH/OSTSCHWEIZ

Augusta Raurica **[119 E2]**
In der ehemaligen Römerstadt Augusta Raurica, heute Augst, das gut 10 km östlich von Basel am Rhein liegt, können sich Kinder einmal wie kleine RömerInnen fühlen. Unter den Überresten der 1800 Jahre alten römischen Siedlung sticht das am besten erhaltene antike Theater nördlich der Alpen hervor. Sehenswert auch das Museum *(Eintritt 5, Kinder 3 Franken)*, das Römerhaus und der römische Haustierpark. Auf dem Gelände lässt es sich gut picknicken, es gibt aber auch ein Restaurant. *Römerstadt Augusta Raurica, Giebenacherstr. 17, Augst, Tel. 061/816 22 22, www.augusta-raurica.ch*

Angesagt!

Was Sie wissen sollten über Trends, die Szene und Kuriositäten in der Schweiz

Mode
Die Globalisierung fördert nicht nur die Internationalisierung, sondern auch eine Rückbesinnung auf regionale Stärken. *Swissness* heißt das Zauberwort in der Schweiz. Das Skimodetrendlabel *alprausch (www.alprausch.ch)* setzt die Swissness gekonnt in Mode um. Schon länger im Trend: die praktischen Umhängetaschen der Gebrüder Freitag *(www.freitag.ch)* aus Zürich. Die auffällig schönen Taschen sind aus LKW-Planen und bei Fahrradkurieren beliebt, weil der Inhalt auch bei stärkstem Regen nicht nass wird.

Musik
Zu den Publikumslieblingen gehören Gölä und seine Männer. Die Alben des ehemaligen Berner Bauarbeiters verkaufen sich wie »frische Weggli« (frische Brötchen). Gölä besingt in rockigen Balladen das Leben als »Büezer« (Arbeiter) mit Staub an den Händen und Sehnsucht nach einem anderen Leben im breitesten Berndeutsch. Eine gewaltige Stimme hat auch die Rocksängerin Sina. Die aufmüpfigen Texte in Walliser Mundart haben es in sich, erzählen in poetischer Sprache von starken Frauen und den süßen und bitteren Seiten des Lebens. Die Singer-Songwriterin besingt auch das eigene Geschlecht kritisch, wie im Song »Tummi Chüa« (dumme Kuh). Nicht verpassen dürfen Sie die Berner Band *Stiller Has*, die sich in ihren Songs kritisch und witzig mit der Schweiz auseinandersetzt.

Sport
Die Schweiz ist das Mekka der so genannten Trendsportarten: Biken, Surfen, Skaten und Fliegen in allen Variationen. Neu hinzu kommt die »Mikromobilität«. Der Zürcher Tüftler Wim Ouboter hat mit seinen Microscootern und Kickboards *den* urbanen Transporttrend lanciert. Auf Schulhöfen bewegen sich die Kids nur noch (wenn erlaubt) mit Microscootern, Kickboards und andern *Trottinets*, wie die zweirädrigen Fortbewegungsmittel ohne Sitz in der Schweiz genannt werden. Selbstverständlich gibt es die entsprechenden Events. Hier die wichtigsten Adressen: *www.freestyle.ch, www.asphaltsurfing, www.freestyle-ski.ch, www.silvaplana.ch/surf*

Von Anreise bis Zoll

Hier finden Sie kurz gefasst die wichtigsten Adressen und Informationen für Ihre Schweiz-Reise

ANREISE

Flugzeug

Per Linienflug erreicht man die internationalen Flughäfen Zürich-Kloten und Genf-Cointrin, von wo im 7- bis 20-Min.-Takt Züge in die Innenstadt fahren, sowie den französisch-schweizerischen Euro-Airport Basel-Mulhouse. Lugano und Bern haben kleine Flughäfen, die auch einige internationale Destinationen bedienen.

Bahn

Die großen Verbindungen in die Schweiz führen von Deutschland aus über Frankfurt und Karlsruhe, über München und Lindau oder über Stuttgart und Singen bis nach Zürich und weiter nach Bern in die Schweiz hinein. Die Intercity-Züge aus Nord- und Westdeutschland fahren im Stundentakt bis Basel bzw. Zürich. Alles über Sparpreise und weitere gute Angebote erfahren Sie unter *www.bahn.de* bzw. unter *www.oebb.at*. Von Österreich aus führt die Hauptbahnlinie über das St. Galler Rheintal auf Schweizer Staatsgebiet.

Auto

Die Hauptrouten führen durch das Rheintal über Basel, über Stuttgart, Singen und Konstanz nach Zürich oder von München aus über Wangen im Allgäu und das österreichische Bregenz über St. Gallen in die Schweiz. Es besteht auch die Möglichkeit, mit Autofähren über den Bodensee, der die Grenze zwischen der Schweiz, Deutschland und Österreich bildet, ins Land zu gelangen. Von Österreich kommt man nördlich über Bregenz oder über Feldkirch und Schaan in Liechtenstein oder über Landeck und Tösens in die Schweiz hinein. Autoreisezüge nach Lörrach gibt es von Hamburg, Bremen, Hildesheim, Düsseldorf, Köln sowie von Berlin aus.

AUSKUNFT VOR DER REISE

Schweiz Tourismus

- *Rossmarkt 23, 60311 Frankfurt/M.*
- *Neuer Markt 4, 1015 Wien*

Gebührenfreie Telefonauskunft: 00800 100 200 30, Fax 00800 100 200 31, www.myswitzerland.com, info@switzerlandtourism.ch

AUSKUNFT IN DER SCHWEIZ

Schweiz Tourismus

8027 Zürich, Tödistr. 7, Postfach 695, Tel. 0800 100 200 30, Fax 0800 100 200 31, www.myswitzerland.com

Schweizer Tourismus-Verband
3001 Bern, Finkenhubelweg 11, Postfach 8275, Tel. 031/307 47 47, Fax 307 47 48, www.swisstourfed.ch

AUTO

Die Autobahnen sind als Verbindungswege zwischen Mittel- und Südeuropa häufig verstopft. In der Schweiz liegt die Höchstgeschwindigkeit innerorts bei 50, auf Landstraßen bei 80 und auf Autobahnen bei 120 km/h (im Juli/Aug. in vielen Kantonen aus Umweltschutzgründen sogar nur bei 100 bzw. 80 km/h). Verstöße werden streng geahndet. Wer mehr als 20 km/h zu schnell fährt, muss mit Führerscheinentzug rechnen. Das gilt auch für Alkohol am Steuer (Promillegrenze: 0,5). Auf den grün ausgeschilderten Autobahnen ist eine Vignette hinter der Windschutzscheibe Pflicht, die es für 40 Franken an Grenzübergängen, Postämtern und Tankstellen sowie beim *Automobil-Club der Schweiz (ACS, Tel. 031/328 31 11, Fax 311 03 10)*, beim *Touring-Club der Schweiz (TCS, Tel. 022/417 27 27, Fax 417 20 20)* und beim *Verkehrsclub der Schweiz (VCS, Tel. 062/956 56 56, Fax 956 56 57)* gibt. In den Geschäftsstellen dieser Klubs gibt es auch die Parkscheiben, ohne die man in den meisten Innenstädten (blaue Zonen) kaum noch parken darf. Bei Unfällen muss die Polizei *(Tel. 117)* gerufen werden. Notruf bei *Personenschäden: 144*; *Pannendienst: 140*

Autofähren gibt es auf dem Bodensee, dem Zürichsee, dem Vierwaldstätter See und dem Lago Maggiore. Die ganzjährig geöffneten Alpenpässe sind Bernina, Brünig, Forclaz, Jaun und Pillon. Alle anderen Pässe sind meist Mai bis Oktober befahrbar. Am Pass hat das bergaufwärts fahrende Fahrzeug Vorfahrt. Alpentunnel mit spezieller Verladung auf Autozüge finden sich an Albula, Furka, Lötschberg, Simplon sowie zwischen Klosters und dem Unterengadin. Über Wetterlage und Straßenzustand besonders auch in den Bergen informiert eine automatische Ansage unter *162* bzw. *163.* Sie kann auch vom Ausland angewählt werden (Vorwahl von *Deutschland und Österreich: 0041/1).* Auf keinen Fall sollte man im Winter ohne einen Satz Schneeketten im Kofferraum durch die Schweiz reisen.

BAHN

Die Schweizerischen Bundesbahnen (SBB) machen attraktive Angebote: Mit dem *Swiss Pass* z. B. genießen Sie während 4, 8, 15, 21 oder 30 Tagen (240–525 Franken) freie Fahrt auf fast dem gesamten Schienennetz, den Straßenbahnen und Bussen von 36 Städten und erhalten Ermäßigungen auf vielen Bergbahnen und Panoramastrecken. Dasselbe gilt für die *Swiss Card* (1 Monat, 170 Franken), nur dass Sie damit einfach alles zum halben Preis erhalten. Mit dem *Swiss Flexi Pass* (1 Monat, 230 bis 420 Franken) erhalten Sie die Leistungen des Swiss Pass an 3, 4, 5, 6 oder 8 frei wählbaren Tagen. Kinder und Jugendliche (6–16 Jahre) reisen in Begleitung mindestens eines Elternteils gratis. Allein reisende Jugendliche bis 16 Jahren bezahlen den halben Fahrpreis. Die Züge fahren oft, sind bequem und meist pünktlich. *www.sbb.ch, www.myswitzerland.com*

CAMPING

Die Campingplätze der Schweiz gehören zu den schönsten Europas. Drei Viertel der über 600 Plätze liegen an See- oder Flussufern. Auskunft und eine Übersicht: *www.camping.ch* und *www.swisscamps.ch*. Wildes Campen ist bei hohen Strafen verboten!

DIPLOMATISCHE VERTRETUNGEN

Deutsche Botschaft
Willadingweg 83, 3006 Bern, Tel. 031/359 41 11, Fax 359 44 44, Mo bis Fr 9–12 Uhr

Österreichische Botschaft
Kirchenfeldstr. 77/79, 3005 Bern, Tel. 031/356 52 52, Fax 351 56 64, Mo–Fr 9–12 Uhr

EINREISE

Ein bisschen sorgfältiger als alle anderen europäischen Staaten achten die Schweizer darauf, dass Touristen auch nur als Touristen kommen. Deshalb Personalausweis oder Reisepass immer bei sich tragen! Kinder brauchen einen Kinderausweis, der für Kinder ab 10 J. ein Lichtbild enthalten muss.

GESUNDHEIT

Die Schweiz ist ein teures Pflaster, und somit sind auch die Arzt- und Krankenhauskosten horrend. Für ambulante Behandlungen kann von den Patienten eine Kaution verlangt werden, am besten wird der Betrag bar oder mittels Kreditkarte beglichen. Die Krankenhäuser (Spitäler) rechnen nicht mit ausländischen Krankenkassen ab. Bei längerem Spitalaufenthalt sieht das anders aus. Deshalb wird gerade älteren Reisenden empfohlen, eine Reiseversicherung abzuschließen.

Was kostet wie viel?

Kaffee	**2,60 Euro** in der Stehbar für eine Tasse Espresso
Eis	**2,60 Euro** für zwei Kugeln Eis
Wein	**4 Euro** für ein Glas Wein (1 dl)
Schokolade	**1,20 Euro** für eine Tafel (100 g)
Benzin	**90 Cent** für einen Liter Super
Busfahrt	**1,60 Euro** einfache Fahrt

INTERNET

Das Internet ist in der Schweiz weit verbreitet. In besseren Hotels gehört ein Internetanschluss im Zimmer bereits zum Standard. Starten Sie doch vor der Reise mit einer kleinen, virtuellen Tour: Auf *www.myswitzerland.com*, der offiziellen Seite von Schweiz Tourismus, finden Sie Angebote, Veranstaltungskalender, Reisevorschläge, Tipps u.a.. Ein Quiz, mit dem Sie Ihr Wissen über die Schweiz prüfen können, findet sich auf *www.schweiz-in-sicht.ch*. Unter *www.dsk.ch* können Sie sich über das kulturelle Leben in der Schweiz vorab kundig machen.

INTERNETCAFÉS

Internetcafés finden Sie mittlerweile in allen größeren Städten. Preise pro Stunde 8–18 Franken. Hier ein paar Adressen:

Backpackers **[119 D5]**
Hotel Glocke, Rathausgasse 75, 3007 Bern, Tel. 031/311 37 71, www.chilispackbackers.ch

Café Parterre **[120 A4–5]**
Mythenstr. 7, 6003 Luzern, Tel. 041/220 20 43, www.parterre.ch

Internetcafé **[120 B3]**
Uraniastr. 3, 8001 Zürich, Tel. 01/ 210 33 11, www.cafe.ch

JUGENDHERBERGEN

In den rund 60 Schweizer Jugendherbergen stehen ca. 7000 Betten bereit. Mit einem Mitgliedsausweis ist die Übernachtung 6 Franken billiger. Die Mitgliedschaft kann man bei unten stehender Adresse beantragen. Eine Übernachtung mit Frühstück kostet je nach Saison 19 bis 109 Franken. Eine Liste der Jugendherbergen gibt es bei: *Schweizer Jugendherbergen, Schaffhauserstr. 14, 8042 Zürich, Tel. 01/ 360 14 14, Fax 360 14 60, www.youthhostels.ch*

KLIMA

Meteorologen behaupten, die Schweiz sei klimatisch ein Europa im Kleinen. Es gibt nördliche Polarluft, atlantische Winde, eisiges Kontinentalklima und südliche Wärme vom Mittelmeer. Die Bergwelt sorgt für rasche Witterungsumschwünge auf kleinem Raum. Besonders am Alpennordrand kommt

€	CHF
1	1,55
2	3,10
3	4,65
5	7,75
7	10,85
8	12,40
9	13,95
10	15,50
50	77,50

CHF	€
1	0,65
2	1,30
3	1,95
5	3,25
7	4,55
8	5,20
9	5,85
10	6,50
50	32,50

es häufig zu Niederschlägen. Die geschützten Bergtäler bleiben nicht selten von Wind und Regen verschont, wenn das Wetter auf den Berggipfeln noch wütet. Eine Besonderheit ist der Föhn. Er entsteht, wenn ein Tiefdruckgebiet über Frankreich warme Luft von Süden an die Alpen heranführt. Über den Bergen entsteht dann eine Wolkenwand, die sich auf ihrem Weg ins Tal auflöst. Besonders in den nördlichen Alpentälern kommt es dann häufig zu plötzlichen Temperaturanstiegen um bis zu zehn Grad, was Menschen mit Herz- und Kreislaufbeschwerden besonders belasten kann. Die Luft in den Hochtälern, besonders im Engadin, hat Heilwirkung.

LITERATURHINWEISE

Charles-Ferdinand Ramuz: *Das große Grauen in den Bergen* (1926), ein Bergdrama. Max Frisch: *Stiller* (1954), die Nachkriegszeit in der Schweiz. Laure Wyss: *Briefe nach Feuerland* (1997), die Schweiz mit fremden Augen betrachtet. Peter von Matt: *Die tintenblauen Eidgenossen* (2001), eigenwillige Ansichten über die literarische und politische Schweiz. Peter Pfrunder: *Seitenblicke* (1998), die Schweiz 1848 bis 1998, eine Fotochronik.

NOTRUF

Sanitätsnotruf: *144*
Notruf Rettungshelikopter: *1414*
Wer die Ferien oft in den Schweizer Bergen verbringt, hat die Möglichkeit, bei der Rettungsflugwacht *(Rega)* mit mindestens 30 Franken jährlich Gönnerstatus zu erlangen. Gönner werden im Notfall vom Rettungshelikopter gratis transportiert *(www.rega.ch)*.

POST

Öffnungszeiten: *zumeist Mo–Fr 7.30–12 und 14–18, Sa 8–11 Uhr.*
Porto ins Ausland (A-Post garantiert die Zustellung innerhalb eines Tages, B-Post dauert 2–3 Tage): bis 20 g A-Post 1,30; B-Post 1,20; bis 50 g A-Post 2,20; B-Post 1,80; bis 100 g A-Post 3,30; B-Post 2,50 Franken.

PREISE & WÄHRUNG

Schweizer Geld besteht aus Münzen zu 5, 10, 20 und 50 Rappen (100 Rappen sind ein Franken), 1, 2 und 5 Franken. Darüber hinaus gibt es Noten zu 10, 20, 50, 100, 200, 500 und 1000 Franken.

Bankschalter sind 8.30 bis 12.15 und 13.15 bis 16.30 Uhr geöffnet. Sa/So sind die Banken geschlossen. Auf Bahnhöfen und Flughäfen haben die Wechselstuben länger und auch an Wochenenden geöffnet. In der Schweiz werden alle großen Kreditkarten akzeptiert. Die Ein- und Ausfuhr von Landes- und Fremdwährung ist unbeschränkt zulässig. Obwohl die Schweiz nicht EU-Mitglied ist, wird der Euro bereits vielerorts akzeptiert. Häufig gibt es auch schon eine doppelte Preisauszeichnung in Franken und Euro. Das soll u. a. zeigen, dass die Schweiz kein sündhaft teures Ferienland ist. Teuer ist aber der Museumseintritt: 10–15 Franken. Deshalb lohnt es, einen Schweizer Museumspass für 30 Franken für einen bzw. 90 Franken für 12 Monate zu kaufen *(www.museumspass.ch)*.

TELEFON & HANDY

Wer in die Schweiz telefonieren will, muss 0041, die Ortsvorwahl ohne Null und die Rufnummer wählen. Aus der Schweiz ins Ausland: *0049* für *Deutschland* bzw. *00 43* für *Österreich.* Zum Telefonieren in der Zelle braucht man eine Taxcard, die es bei der Post oder an Kiosken gibt.

Bevor Sie mit dem Handy reisen, erkundigen Sie sich bei Ihrem Provider nach den Auslandspreisen. In der Schweiz gibt es drei Anbieter: Swisscom, Orange und Sunrise. Swisscom hat die beste Abdeckung. Keinen Empfang haben Sie in entlegenen Gebirgsregionen. Auskünfte über SIM-Karte, Preise und Abdeckung: *Tel. 0800 55 64 64.*

ZOLL

In die Schweiz zollfrei eingeführt werden dürfen: 2 l Alkohol unter bzw. 1 l über 15 % und 200 Zigaretten. In die EU zollfrei eingeführt werden dürfen: 1 l Alkohol über 22 %, 200 Zigaretten oder 100 Zigarillos oder 50 Zigarren oder 250 g Tabak, 50 g Parfüm oder 250 g Eau de Toilette und andere Artikel im Gesamtwert von 175 Euro.

Wetter in Zürich

	Jan.	Feb.	März	April	Mai	Juni	Juli	Aug.	Sept.	Okt.	Nov.	Dez.
Tagestemperaturen in °C	2	5	10	15	19	23	25	24	20	14	7	3
Nachttemperaturen in °C	−3	−2	1	4	8	12	14	13	11	6	2	−1
Sonnenschein Std./Tag	2	3	5	6	7	7	7	7	6	3	2	2
Niederschlag Tage/Monat	11	10	9	11	12	13	13	13	10	10	10	10
Wassertemperaturen in °C	4	4	4	8	13	17	21	21	19	14	10	7

Tu parles français?

»Sprichst du Französisch?«
Dieser Sprachführer hilft Ihnen, die wichtigsten Wörter und Sätze auf Französisch zu sagen

Zur Erleichterung der Aussprache sind alle französischen Wörter mit einer einfachen Aussprache (in eckigen Klammern) versehen.

AUF EINEN BLICK

Ja./Nein.	Oui. [ui]/Non. [nong]
Vielleicht.	Peut-être. [pöhtätr]
Bitte.	S'il vous plaît. [sil wu plä]
Danke.	Merci. [märsi]
Gern geschehen.	De rien. [dö rjäng]
Entschuldigen Sie!	Excusez-moi! [äksküseh mua]
Wie bitte?	Comment? [kommang]
Ich verstehe Sie/dich nicht.	Je ne comprends pas. [schön kongprang pa]
Ich spreche nur wenig Französisch.	Je parle un tout petit peu français. [schparl äng tu pti pöh frangsä]
Können Sie mir bitte helfen?	Vous pouvez m'aider, s.v.p.? [wu puweh mehdeh sil wu plä]
Sprechen Sie Deutsch/Englisch?	Vous parlez allemand/anglais? [wu parleh almang/anglä]
Ich möchte …	J'aimerais … [schämrä]
Das gefällt mir nicht.	Ça ne me plaît pas. [san mö plä pa]
Haben Sie …?	Vous avez …? [wus‿aweh]
Wie viel kostet es?	Combien ça coûte? [kongbjäng sa kut]
Wie viel Uhr ist es?	Quelle heure est-il? [käl‿ör ät‿il]

KENNENLERNEN

Guten Morgen/Tag!	Bonjour! [bongschur]
Guten Abend!	Bonsoir! [bongsuar]
Hallo!/Grüß dich!	Salut! [salü]
Wie ist Ihr Name, bitte?	Comment vous appelez-vous? [kommang wus‿apleh wu]
Wie heißt du?	Comment tu t'appelles? [kommang tü tapäl]

Wie geht es Ihnen/dir?	Comment allez-vous/vas-tu? [kommangt‿aleh wu/wa tü]
Danke. Und Ihnen/dir?	Bien, merci. Et vous-même/toi? [bjäng märsi. eh wu mäm/tua]
Auf Wiedersehen!	Au revoir! [oh röwuar]
Tschüss!	Salut! [salü]

UNTERWEGS

Auskunft

links/rechts	à gauche [a gohsch]/à droite [a druat]
geradeaus	tout droit [tu drua]
nah/weit	près [prä]/loin [luäng]
Bitte, wo ist …?	Pardon, où se trouve …, s.v.p.? [pardong, us truw … sil wu plä]
Wie weit ist das?	C'est à combien de kilomètres d'ici? [sät‿a kongbjängd kilomätrö disi]

Panne

Ich habe eine Panne.	Je suis en panne. [schö süis‿ang pan]
Würden Sie mir bitte einen Abschleppwagen schicken?	Est-ce que vous pouvez m'envoyer une dépanneuse, s.v.p.? [äs‿kö wu puweh mangwuajeh ün deh panöhs sil wu plä]
Gibt es hier in der Nähe eine Werkstatt?	Est-ce qu'il y a un garage près d'ici? [äs‿kil‿ja äng garasch prä disi]
… ist defekt.	… est défectueux. [ä dehfäktüöh]

Tankstelle

Wo ist bitte die nächste Tankstelle?	Pardon, Mme/Mlle/M., où est la station-service la plus proche, s.v.p.? [pardong madam/madmuasäl/mösjöh u ä la stasjong särwis la plü prosch sil wu plä]
Ich möchte … Liter.	… litres, s'il vous plaît. [litrö sil wu plä]
Super.	Du super. [dü süpär]
Diesel.	Du gas-oil. [dü gasual]
bleifrei/mit … Oktan.	Du sans-plomb/… octanes. [dü sang plong/ … oktan]
Voll tanken, bitte.	Le plein, s.v.p. [lö pläng sil wu plä]

Unfall

Hilfe!	Au secours! [oh skur]
Achtung!	Attention! [atangsjong]
Rufen Sie bitte schnell …	Appelez vite … [apleh wit]
… einen Krankenwagen.	… une ambulance. [ün‿angbülangs]
… die Polizei.	… la police. [la polis]
… die Feuerwehr.	… les pompiers. [leh pongpjeh]

Es war meine Schuld.	C'est moi qui suis en tort. [sä mua ki süis‿ang torr]
Es war Ihre Schuld.	C'est vous qui êtes en tort. [sä wu ki äts‿ang torr]
Geben Sie mir bitte Ihren Namen und Ihre Anschrift!	Vous pouvez me donner votre nom et votre adresse? [wu puweh mö donneh wottrö nong eh wottr‿adräs]

ESSEN/UNTERHALTUNG

Wo gibt es hier	Vous pourriez m'indiquer… [wu purjeh mängdikeh]
… ein gutes Restaurant?	… un bon restaurant? [äng bong rästorang]
… ein nicht zu teures Restaurant?	… un restaurant pas trop cher? [äng rästorang pa troh schär]
Reservieren Sie uns bitte für heute Abend einen Tisch für vier Personen.	Je voudrais réserver une table pour ce soir, pour quatre personnes. [schwudrä räsehrweh ün tablö pur sö suar pur kat pärsonn]
Wo sind bitte die Toiletten?	Où sont les W.-C., s.v.p.? [u song leh wehseh sil wu plä]
Auf Ihr Wohl!	A votre santé!/A la vôtre! [a wottr sangteh/a la wohtr]
Bezahlen, bitte.	L'addition, s.v.p. [ladisjong sil wu plä]

ÜBERNACHTUNG

Können Sie mir bitte ein ein gutes Hotel empfehlen?	Pardon, Mme/Mlle/M., vous pourriez recommander un bon hôtel? [pardong madam/madmuasäl/mösjöh wu purjeh rökommangdeh äng bonn‿ohtäl]
Haben Sie noch …	Est-ce que vous avez encore … [äs‿kö wus‿aweh angkorr]
… ein Einzelzimmer?	… une chambre pour une personne? [ün schangbr pur ün pärsonn]
… ein Zweibettzimmer?	… une chambre pour deux personnes? [ün schangbr pur döh pärsonn]
… mit Bad?	… avec salle de bains? [awäk sal dö bäng]
… für eine Nacht?	… pour une nuit? [pür ün nüi]
… für eine Woche?	… pour une semaine? [pür ün sömän]
Was kostet das Zimmer mit …	Quel est le prix de la chambre, … [käl‿ä lö prid la schangbr]
… Frühstück?	… petit déjeuner compris? [pti dehschöneh kongpri]

PRAKTISCHE INFORMATIONEN

Arzt

Können Sie mir einen guten Arzt empfehlen?	Vous pourriez recommander un bon médecin, s.v.p.? [wu purjeh rökommangdeh äng bong mehdsäng sil wu plä]
Ich habe hier Schmerzen.	J'ai mal ici. [scheh mal isi]

Bank

Wo ist hier bitte …	Pardon, je cherche … [pardong schö schärsch]
… eine Bank?	… une banque. [ün bangk]
Ich möchte Euro in Schweizer Franken wechseln.	Je voudrais changer euro en francs suisses. [schwudrä schangscheh öroh ang frang süis]

Post

Was kostet …	Quel est le tarif pour affranchir … [käl‿ä lö tarif pur afrangschir]
… eine Postkarte …	… des cartes postales … [deh kart postal]
… nach Deutschland?	… pour l'Allemagne? [pur lalmanj]

ZAHLEN

0	zéro [sehroh]	20	vingt [wäng]
1	un, une [äng, ühn]	21	vingt et un, une [wängt‿eh äng, ühn]
2	deux [döh]	22	vingt-deux [wängt döh]
3	trois [trua]	30	trente [trangt]
4	quatre [katr]	40	quarante [karangt]
5	cinq [sängk]	50	cinquante [sängkangt]
6	six [sis]	60	soixante [suasangt]
7	sept [sät]	70	soixante-dix [suasangt dis]
8	huit [üit]	80	quatre-vingt [katrö wäng]
9	neuf [nöf]	90	quatre-vingt-dix [katrö wäng dis]
10	dix [dis]	100	cent [sang]
11	onze [ongs]	200	deux cents [döh sang]
12	douze [dus]	1000	mille [mil]
13	treize [träs]	2000	deux mille [döh mil]
14	quatorze [kators]	10000	dix mille [di mil]
15	quinze [kängs]	1/2	un demi [äng dmi]
16	seize [säs]	1/4	un quart [äng kar]
17	dix-sept [disät]		
18	dix-huit [disüit]		
19	dix-neuf [disnöf]		

Parli italiano?

»Sprichst du Italienisch?«
Dieser Sprachführer hilft Ihnen, die wichtigsten Wörter und Sätze auf Italienisch zu sagen

Zur Erleichterung der Aussprache:

c, cc	vor »e, i« wie deutsches »tsch« in deutsch, Bsp.: die**c**i, sonst wie »k«
ch, cch	wie deutsches »k«, Bsp.: pa**cch**i, **ch**e
ci, ce	wie deutsches »tsch«, Bsp.: **ci**ao, **ci**occolata
g, gg	vor »e, i« wie deutsches »dsch« in Dschungel, Bsp.: **g**ente
gl	ungefähr wie in »Familie«, Bsp.: fi**gl**io
gn	wie in »Kognak«, Bsp.: ba**gn**o
sc	vor »e, i« wie deutsches »sch«, Bsp.: u**sc**ita
sch	wie in »Skala«, Bsp.: I**sch**ia
sci	vor »a, o, u« wie deutsches »sch«, Bsp.: la**sci**are
z	immer stimmhaft wie »ds«

Ein Akzent steht im Italienischen nur, wenn die letzte Silbe betont wird. In den übrigen Fällen haben wir die Betonung durch einen Punkt unter dem betonten Vokal angegeben.

AUF EINEN BLICK

Ja./Nein.	Sì./No.
Vielleicht.	Fọrse.
Bitte./Danke.	Per favọre./Grạzie.
Gern geschehen.	Non c'è di che!
Entschuldigen Sie!	Scụsi!
Wie bitte?	Cọme dịce?
Ich verstehe Sie/dich nicht.	Non La/ti capịsco.
Ich spreche nur wenig ...	Pạrlo sọlo un po´di ...
Können Sie mir bitte helfen?	Mi può aiutạre, per favọre?
Ich möchte ...	Vorrẹi ...
Haben Sie ...?	Ha ...?
Wie viel kostet es?	Quạnto cọsta?
Wie viel Uhr ist es?	Che ọre sọno?/Che ọra è?

KENNENLERNEN

Guten Morgen!/Tag!	Buon giọrno!
Guten Abend!	Buọna sẹra!

Gute Nacht! | Buọna nọtte!
Hallo!/Grüß dich! | Cịao!
Wie geht es Ihnen/dir? | Cọme sta?/Cọme stai?
Danke. Und Ihnen/dir? | Bẹne, grạzie. E Lei/tu?
Ich heiße… | Mi chịamo…
Auf Wiedersehen! | Arrivedẹrci!
Tschüss! | Cịao!
Bis bald! | A prẹsto!
Bis morgen! | A domạni!

UNTERWEGS

Auskunft

links | a sinịstra
rechts | a dẹstra
geradeaus | dirịtto
nah | vicịno
weit | lontạno
Wie weit ist das? | Quạnti chilọmetri sọno?
Ich möchte … mieten. | Vorrẹi noleggịare …
… ein Auto … | … ụna mạcchina.
… ein Fahrrad … | … ụna biciclẹtta.
Bitte, wo ist … | Scụsi, dov'è …
… der Bahnhof? | … la staziọne?
… die Haltestelle? | … la fermạta?
Eingang/Einstieg | salịta/entrạta
Ausgang/Ausstieg | discẹsa/uscịta

Panne

Ich habe eine Panne. | Ho un guạsto.
Würden Sie mir einen Abschleppwagen schicken? | Mi potrẹbbe mandạre un cạrro-attrẹzzi?
Gibt es hier in der Nähe eine Werkstatt? | Scụsi, c'è un'officịna qui vicịno?

Tankstelle

Wo ist bitte die nächste Tankstelle? | Dov'è la prọssima staziọne di servịzio, per favọre?
Ich möchte … Liter … | Vorrẹi … lịtri di …
… Normalbenzin. | … benzina normale.
… Super./… Diesel. | … sụper./… gasọlio.
Voll tanken, bitte. | Il piẹno, per favọre.

Unfall

Hilfe! | Aiụto!
Achtung!/Vorsicht! | Attenziọne!
Rufen Sie bitte schnell … | Chiạmi sụbito …

… einen Krankenwagen.	… un'autoambulạnza.
… die Polizei.	… la polizịa.
Haben Sie Verbandszeug?	Ha materiạle di prọnto soccọrso?
Es war meine Schuld.	È stạta cọlpa mịa.
Es war Ihre Schuld.	È stạta cọlpa Sụa.
Geben Sie mir bitte Ihren Namen und Ihre Anschrift!	Mi dịa il Sụo nọme e indirịzzo, per favọre!

ESSEN/UNTERHALTUNG

Wo gibt es hier …	Scụsi, mi potrẹbbe indicạre …
… ein gutes Restaurant?	… un buọn ristorạnte?
… ein typisches Restaurant?	… un locạle tịpico?
Gibt es in der Nähe eine Eisdiele?	C'è ụna gelaterịa qui vicịno?
Reservieren Sie uns bitte für heute Abend einen Tisch für vier Personen.	Può riservạrci per stasẹra un tạvolo per quạttro persọne?
Auf Ihr Wohl!	(Ạlla Sụa) salụte!
Bezahlen, bitte.	Il cọnto, per favọre.
Hat es geschmeckt?	Andạva bẹne?
Das Essen war ausgezeichnet.	(Il mangiạre) ẹra eccellẹnte.
Haben Sie einen Veranstaltungskalender?	Ha un progrạmma dẹlle manifestaziọni?

EINKAUFEN

Wo finde ich …	Dọve pọsso trovạre …
… eine Apotheke?	… ụna farmacịa?
… eine Bäckerei?	… un panifịcio?
… ein Fotogeschäft?	… un negọzio di artịcoli fotogrạfici?
… ein Lebensmittelgeschäft?	… un negọzio di gẹneri alimentạri?
… den Markt?	… il mercạto?
… einen Supermarkt?	… un supermercạto?
… einen Tabakladen?	… un tabaccạio?
… einen Zeitungshändler?	… un giornalạio?

ÜBERNACHTEN

Können Sie mir bitte … empfehlen?	Scụsi, potrẹbbe consigliạrmi …
… ein Hotel …	… un albẹrgo?
… eine Pension …	… ụna pensiọne?
Ich habe bei Ihnen ein Zimmer reserviert.	Ho prenotạto ụna cạmera.
Haben Sie noch …	È lịbera …

… ein Einzelzimmer? … ụna sịngola?
… ein Zweibettzimmer? … ụna dọppia?
… mit Dusche/Bad? … con dọccia/bạgno?
… für eine Nacht? … per ụna nọtte?
… für eine Woche? … per ụna settimạna?
Was kostet das Zimmer … Quạnto cọsta la cạmera …
… mit Frühstück? … con la prịma colaziọne?
… mit Halbpension? … a mẹzza pensiọne?

PRAKTISCHE INFORMATIONEN

Arzt

Können Sie mir einen guten Arzt empfehlen? Mi può consigliạre un buọn mẹdico?
Ich habe Durchfall. Sọffro di diarrẹa.
Ich habe … Ho …
… Fieber. … la fẹbbre.
… Kopfschmerzen. … mal di tẹsta.
… Zahnschmerzen. … mal di dẹnti.

Post

Was kostet … Quạnto cọsta …
… ein Brief … … ụna lẹttera …
… eine Postkarte … … ụna cartolịna …
… nach Deutschland? … per la Germạnia?

ZAHLEN

0	zẹro	19	diciannọve
1	ụno	20	vẹnti
2	dụe	21	ventụno
3	tre	30	trẹnta
4	quạttro	40	quarạnta
5	cịnque	50	cinquạnta
6	sei	60	sessạnta
7	sẹtte	70	settạnta
8	ọtto	80	ottạnta
9	nọve	90	novạnta
10	diẹci	100	cẹnto
11	ụndici	101	centoụno
12	dọdici	200	ducẹnto
13	trẹdici	1000	mịlle
14	quattọrdici	2000	duemịla
15	quịndici	10000	diecimịla
16	sẹdici		
17	diciassẹtte	1/2	un mẹzzo
18	diciọtto	1/4	un quạrto

Reiseatlas Schweiz

Die Seiteneinteilung für den Reiseatlas finden Sie auf dem hinteren Umschlag dieses Reiseführers

A B C

Kartenlegende Reiseatlas

le Mans-Est 4 — Autobahn mit Anschlussstelle
Motorway with junction

Datum, Date — Autobahn in Bau
Motorway under construction

Datum, Date — Autobahn in Planung
Motorway projected

Raststätte mit Übernachtungsmöglichkeit
Roadside restaurant and hotel

Raststätte ohne Übernachtungsmöglichkeit
Roadside restaurant

Erfrischungsstelle, Kiosk
Snackbar, kiosk

Tankstelle, Autohof
Filling-station, Truckstop

Autobahnähnliche Schnellstraße mit Anschlussstelle
Dual carriage-way with motorway characteristics with junction

Straße mit zwei getrennten Fahrbahnen
Dual carriage-way

Durchgangsstraße
Thoroughfare

Wichtige Hauptstraße
Important main road

Hauptstraße
Main road

Sonstige Straße
Other road

Fernverkehrsbahn
Main line railway

Bergbahn
Mountain railway

Autotransport per Bahn
Transport of cars by railway

Autofähre
Car ferry

Schifffahrtslinie
Shipping route

Landschaftlich besonders schöne Strecke
Route with beautiful scenery

Routes des Crêtes — Touristenstraße
Tourist route

Straße gegen Gebühr befahrbar
Toll road

Straße für Kraftfahrzeuge gesperrt
Road closed to motor traffic

Zeitlich geregelter Verkehr
Temporally regulated traffic

15% — Bedeutende Steigungen
Important gradients

Kultur
Culture

★★ PARIS, ★★ *la Alhambra* — Eine Reise wert
Worth a journey

★ TRENTO, ★ *Comburg* — Lohnt einen Umweg
Worth a detour

Landschaft
Landscape

★★ Rodos, ★★ *Fingal's cave* — Eine Reise wert
Worth a journey

★ Korab, ★ *Jaskinia raj* — Lohnt einen Umweg
Worth a detour

Besonders schöner Ausblick
Important panoramic view

Ausflüge & Touren
Excursions & tours

Nationalpark, Naturpark
National park, nature park

Sperrgebiet
Prohibited area

4807 — Bergspitze mit Höhenangabe in Metern
Mountain summit with height in metres

(630) — Ortshöhe
Elevation

Kirche
Church

Kirchenruine
Church ruin

Kloster
Monastery

Klosterruine
Monastery ruin

Schloss, Burg
Palace, castle

Schloss-, Burgruine
Palace ruin, castle ruin

Denkmal
Monument

Wasserfall
Waterfall

Höhle
Cave

Ruinenstätte
Ruins

Sonstiges Objekt
Other object

Jugendherberge
Youth hostel

Flugplatz
Airfield

Regionalflughafen
Regional airport

Verkehrsflughafen
Airport

Parc Naturel Régional des Ballons des Vosges
Luxeuil-les-Bains
Raddon
le Thillot
Faucogney-et-la-Mer
St. Maurice s. Moselle
St. Amarin
Ballon d'Alsace
Servance
Sewen
Oberbruck
Thann
Mulho
Lantenot
Mélisey
Fresse
Plancher-les-Mines
Masevaux
Quers
Giromagny
Lamadeleine-Val-des-Anges
Notre-Dame-du-Haut
Rougemont-le-Château
Pont d'Aspach
Champagney
Lachapelle-s/s-R.
Soppe-le-Bas
Lure
Ronchamp
Sermamagny
Burnhaupt
Vy-lès-Lure
Frahier-et-Chatebier
Roppe
Lyoffans
Etobon
Frais
Bourgogne
Noroy-le-Bourg
Belverne
BELFORT
Dannemarie
Athesans
Altkirch
Saulnot
Vézelois
Esprels
Villersexel
Porte
Héricourt
Vellescot
Courchaton
Vellechevreux
Aibre
Arcey
Morvillars
Seppois
Rougemont
Fallon
Montbéliard
Sochaux
Joncherey
Cuse
Delle
l'Isle-s-le-D.
Médière
Voujeaucourt
Audincourt
Beurnevésin
Soye
Mésandans
Mandeure
Hérimoncourt
Mathay
Fahy
Alle
Clerval
l'Isle-s-le-Doubs
Pont-de-Roide
Pierrefontaine-les-Blamont
Porrentruy
Cornol
Courgenay
Glainans
Chevenez
Montagnes du Lomont
Noirefontaine
Grotte Réclère
Vaufrey
St-Ursanne
Doubs
Vellevans
Belvoir
Glère
Ocourt
St. Hippolyte
Indevillers
Sancey le Grd.
Gorges de Pichoux
Orsans
la Côte Noire
Belleherbe
Goumois
Saignelégier
FRANCE
Mt Miroir
Maîche
Pierrefontaine-les-Varans
Dessoubre
Vallée du Dessoubre
Damprichard
Tavannes
Charquemont
Echelles de la Mort
Tramelan
Défilé des Epais Rochers
Roche Barchey
le Luhier
Fournet
les Breuleux
Sonceboz
Pierre Pertuis
Avoudrey
N.D. de Consolation
le Russey
Mt. Soleil
la Cibourg
Taubenlochschlucht
Orchamps-Vennes
Fuans
LA CHAUX-DE-FONDS
St. Imier
Mt. Sujet
Renan
Lamboing
Nods
le Chasseral
les Fins
Twannschlucht
Arc-s/s-Cicon
Dombresson
Twann
Morteau
Villers-le-Lac
Saut du Doubs
Le Locle
Bieler See
Gilley
Vue des Alpes
la Neuveville
Täuffelen
Grotte du Treson
Colombière
le Cerneux Péquignot
les Hauts Geneveys
Chaumont
Erlach
Montbenoit
les Gras
les Ponts-de-Martel
St. Blaise
Ins
Mt. Chateleu
Valangin
Thielle
Vrine
la Brévine
la Tène
Kallnach
Rochefort
NEUCHÂTEL
Travers
Gorges
Colombier
Sugiez
Kerzers
Mgne du Larmont
le Cernil
Solliat
Creux du Van
Boudry
Cudrefin
Gorgier
Lac de Morat
la Cluse et Mijoux
les Verrières
Fleurier
St. Aubin
Salavaux
Murten
Rizenbach
Grotte aux Fees
Mt. Aubert
Laupen
le Chasseron
Grandcour
Avenches
Concise
Lac de Neuchâtel
Chenaux
Ste. Croix
Mauborget
Estavayer-le-Lac
Domdidier
Flamatt
Col des Etroits
Grandson
Broye
Düdingen
Baulmes
Yvonand
Payerne
FRIBOURG
Tafers
Hôpitaux Neufs
Suchet
Yverdon
Pont de Pérolles
Giffers
Les Clées
Mathod
Orbe
Prez vers-N.
Hauterive
Marnand
Cottens
Chavornay
le Mouret
Thierrens
Lucens
le Bry
Rossens
Romainmôtier
Vuarrens
Romont
la Roche
la Sarraz
Possens
la Berra
Moudon
Corbières
Schwarzsee
Valsainte
Cossonay
Bettens
Échallens
Riaz
Vaulruz
Mont-salvens
Bulle
123

D
DEUTSCHL.
Staufen
St. Ulrich
Hinterzarten
Heitershm.
Münstertal/Schwarzw.
Feldberg
Lenzkirch
Löffingen
Bantzenheim
Sulzbg.
Müllheim
Todtnau
Altglashütten
10 km
Chalampé
Badenweiler
Neuenweg
Wieden
Bernau
Menzenschwand
Schluchsee
Ottmarsheim
Neuenbg.
Schönau
Aitern
Geschwend
Präg
St. Blasien
Grafenhausen
Rixheim
Schliengen
Marzell
Fröhnd
Todtmoos
Bad Bellingen
Bürgeln
Tegernau
Mambach
Höchenschwand
Häusern
Birkendf.
Kandern
Zell
Kembs
Hausen
Todtmoos-Au
Brenden
Bannholz
Berau
Sierentz
Schlächtenhaus
Efringen-Kirchen
Schopfheim
Segeten
Görwihl
Steinen
Rötteln
Binzen
Maulburg
Erdmannshöhle
Bärenfels
Hottingen
Waldshut
Tiengen
Bartenheim
Haltingen
LÖRRACH
Wehr
Blotzhm.
Basel Mulhouse
Hüningue
Weil
Rheinfelden
Bad Säckingen
Albbruck
Koblenz
Hésingue
Riehen
Öflingen
Leibstadt
Zurzach
Folgensbourg
BASEL
Rheinfdn.
Etzgen
Döttingen
Verentzhouse
Leymen
August
Augst
Stein
Eiken
Laufenburg
Oberwil
Pratteln
Rheinfelden-Ost
Frick
Stilli
Reinach
Aesch
Liestal
Arisdorf
Bözberg-pass
Brugg
Blauen
Gempenfluh
Angenstein
Sissach
Gelterkinden
Wittnau
Baden
Kleinlützel
Seewen
Kienberg
Staffelegg
Habsburg
Laufen
Wildenstein
Schinznach Bad
Breitenbach
Reigoldswil
Läufelfingen
Unt. Hauenstein
Geissfluh
Rupperswil
Wildegg
Birrfeld
Soyhières
Thierstein
Frohburg
Eptingen
Aarau
Lenzburg
Delémont
Erschwil
Passwang
Waldenbg.
Oberer Hauenstein
Suhr
Wohlen
Mervelier
Beinwil
Olten
Entfelden
Lenzburg
Courrendlin
Schelten-pass
Langenbruck
Aarburg
Säli-schlössl
Seon
Villmergen
Mt. Raimeux
Balsthal
Falkenstein
Unterkulm
Liebegg
Boniswil
Welschenrohr
Oens. Klus
Neu Bechburg
Safenwil
Gänsbrunnen
Oensingen
Rothr.
Oftr.
Schöftland
Hallwiler See
Fahrwangen
Weissenstein
Niederbipp
Wiedlisbach
Zofingen
Beinwil
Hasenmatt
Aare
Murgenthal
Reinach
Aesch
Solothurn
Wangen
Niederbipp
St. Urban
Reiden
Triengen
Beromünster
Gelfingen
Langenthal
Dagmersellen
Baldegger-see
Luterbach
Herzogenbuchsee
Sursee
Gormund
Hochdorf
Arch
Biberist
Kriegstetten
Altbüron
Büren a. Aare
Bätterkinden
Utzenstorf
Lindenholz
Zell
Ettiswil
Sempach
Sempacher See
St. Niklaus
Wynigen
Huttwil
Willisau
Warten see
Neuenkirch
Kirchberg
Lueg
Häusernmoos
Eriswil
Ruswil
Emmen
Schönbühl
Burgdorf
Luthern-Dorf
Wolhusen
LUZERN
Sprengi
Hindelbank
Wasen
Kriens
Hasle
Sumiswald
Luthern-Bad
Menzberg
Napf
Malters
Horw
Kranchthal
Ramsei
Ramoos
Mettlen
Eigenthal
BERN
Entlebuch
Hergiswil
Gümligen
Worb
Blasenfluh
Langnau i. E.
Trubschachen
Schüpfheim
Alpnach
Belp
Großhöchstetten
Schüpbach
Rubigen
Eschholzmatt
Glaubenberg-pass
Sarnen
Wiggen
Fürstein
Kerns
Münsingen
Würzbrunnen
Langis
Oberdiessbach
Eggiwil
Flühli
Sarnen-Süd
Kirchen thurnen
Röthenbach
Hächlen
Sachseln
Sarner See
Kiesen
Oberei
Schangnau
Melchthal
Sörenberg
Giswil
Falkenfluh
Schallenberg-pass
Honegg
Bad Kemmeriboden
Wandelen
Burgistein
Steffisburg
Hohgant
Brienzer Rothorn
Lungern
Hutstock
Uetendorf
THUN
Tannhorn
Melchsee
Frutt
Brünigpass
Engstlen
Blumenstein
Oberried
Habkern
Brienz
Hohfluh
Reuti
Glockhaus
Selibühl-pass
Gwatt
Stockhorn
Niederhorn
Aareschlucht
Spiez
Beatenberg
Interlaken
Brienzer See
Iseltwald
Meiringen
Mährenhorn
Latterbach
Beatushöhlen
Faulhorn
Innertkirchen
Wimmis
Aeschi
Leissigen
Wilderswil
Schwarzwaldalp
Weissenburg
Guttannen

124

DEUTSCHL.
10 km
Lenzkirch
Löffingen
Bonndorf
Blumberg
Schluchsee
St. Blasien
Stühlingen
Schleithm.
SCHAFFHAUSEN
Neuhausen
Jestetten
Rheinau
Engen
Mühlhsn Ehingen
Tengen
Singen
Radolfz
Stein a.R.
Waldshut
Tiengen
Koblenz
Zurzach
Döttingen
Laufenburg
Brugg
Baden
Eglisau
Bülach
Andelfingen
Frauenfeld
WINTERTHUR
Kloten
Zürich
Dietikon
ZÜRICH
Dübendf.
Pfäffikon
Uster
Wetzikon
Hinwil
Lenzburg
Wohlen
Bremgarten
Muri
Adliswil
Affoltern
Thalwil
Horgen
Meilen
Küsnacht
Stäfa
Rapperswil
Uznach
Wädenswil
Beromünster
Reinach
Hochdorf
Cham
Zug
Baar
Einsiedeln
Küssnacht a.R.
LUZERN
Kriens
Sempach
Emmen
Schwyz
Brunnen
Arth
Goldau
Näfels
Glärnisch
Hergiswil
Vierwaldstätter See
Stans
Sarnen
Alpnach
Altdorf
Flüelen
Linthal
Engelberg
Erstfeld
Braunwald
Tödi
Titlis
Meiringen
Innertkirchen
Göschenen
Disentis/Muster
Sedrun
Tenigerbad
125
120

DEUTSCHLAND
Denkingen
Herdwangen-Schönach
Illmensee
Ebenwlr.
Wilhelmsdf.
Mochenwangen
Gaisbeuren
Bad Wurzach
Aichstetten
Leutkirch
Owingen
Heiligenberg
Weingarten
Bergatreute
Roßberg
Wolfegg
Einturnen
Lippertsreute
Salem
Deggenhausertal
Horgenzell
Baienfurt
Überlingen
Birnau
Urnau
Taldf.
RAVENSBURG
Kißlegg
Vogt
Gebratshfn.
Uhldingen-Mühlhofen
Pfahlbauten
Gehren-B.
Ob. Teuringen
Waldburg
Waltershfn.
Markdorf
Eschach
Bodnegg
Argenbühl
Mainau
Meersburg
Hagnau
Friedrichshafen
Meckenbeuren
Amtzell
Isny
STAAD
KONSTANZ
Immenstaad
Tettnang
Neukirch
Wangen
Eglofs
Kreuzlingen
FRIEDRICHSHAFEN
Langnau
Neuravensburg
Wohmbrechts
Heimenkchn.
Röthenbach
Güttingen
Bodensee
Kressbronn
Lindenbg.
Langenargen
Scheidegg
Weiler
Simmerberg
Oberstaufen
Sulgen
Amriswil
Romanshorn
Wasserburg
LINDAU
Hörbranz
Scheffau
Pfändertunnel
Pfänder
Arbon
St. Gallen (Altenrhein)
Bregenz
Sulzbg.
Aach
Bischofszell
Hauptwil
Rorschach
Höchst
Langen
Krumbach
Balderschwa
ST. GALLEN
Rheineck
St. Margr.
Lustenau
Alberschwende
Hittisau
Gossau
Trogen
Heerbrugg
Bödele
Egg
Sibratsgfäll
Teufen
DORNBIRN
Schwarzenbg.
Winterstaude
Herisau
Gais
Altstätten
Rappenloch schlucht
Bezau
Hohenems
Mellau
Schnepfau
Waldstatt
Appenzell
Oberriet
Götzis
Ebnit
Kanisfluh
Urnäsch
Weissbad
Klaus
Mittelbg.
Hemberg
Wildkirchli
Hoher Freschen
Au
Schoppernau
Säntis
Schwägalp
Sennwald
Rankweil
Furkajoch
Damüls
Faschinajoch
Fontanella
Schröcken
Rietbad
Alpstein
Amberatunnel
Bad Laterns
Sonntag
Buchboden
Alt. St. Johann
Unterwasser
Haag
Feldkirch
Satteins
Schnifis
Blons
Gr. Walsertal
Wildhaus
Gams
Frastanz
Thüringen
REICH
ÖSTER-
Churfirsten
Buchs
Werdenburg
Schaan
Nenzing
Tschengla
Bludenz
Rote Wand
Walensee
Walenstadt
LIECHTENSTEIN
Vaduz
Bürserbg.
Bürs
Innerbraz
Stuben
Klösterle
Murg
Tannenboden
Flums
Sevelen
Malbun
Zimba
Bartholomäberg
Dalaas
Silbertal
Flumser Bge.
Triesen
Brand
Vandans
Schruns
Balzers
Schesaplana
Tschagguns
Sargans
Spitzmeilen
Wangs
Maienfeld
Rätikon
St. Gallenkirch
Jenins
Malans
Grüsch
Gaschurn
Weisstannen
Bad Ragaz
Schiers
Pizol
Graue Hörner
Taminaschlucht
Landquart
St. Antönien
Gargellen
Partenen
Piz Sardona
St. Martin
Vättis
Marschlins
Pany
Küblis
Silvretta-Hochalpenstr.
Ringelspitz
Zizers
Saas
Prättigau
Calanda
Hochwang
Gr. Litzner
Kunkels
Lichtenstein
Chur-Nord
Klosters
Flims
Domat/Ems
Chur
Monbiel
Reichenau
Laax
Waldhs.
Tschiertschen
Langwies
Weissfluh
Rheinschlucht
Versam
Rhäzüns
Churwalden
Arosa
Frauenkirch
Davos
Vereinatunnel
Piz Linard
Ilanz
Rothenbrunnen
Tenna
Parpan
Parpaner Rothorn
Flüelapass
Susch
Piz Fess
Cazis
Thusis
Lenzerheide
Sertig-Dörfli
Safien-Platz
Thusis-N
Lantsch
Wiesen
Dürrboden
Zernez
Tschappina
Via Mala Schinschlucht
Filisur
Barentritt
Piz Beverin
Zillis
Brail

126

Villers-Farlay
Mouchard
Salins-les-Bains
Arbois
Poligny
Nans-sons-Ste. Anne
Source du Lison
Villeneuve-d'Amont
Levier
Bolandoz
Haute-Pierre
Source de la Loue
Evillers
Montbenoît
la Main
Grotte du Tresor
Colombière
les Gras
Pontarlier
Chaffois
Sombacour
la Vrine
Doubs
Mgne du Larmont
Boujailles
Frasne
Pont-d'Héry
Andelot-en-Mgne.
la Châtelaine
Reculée des Planches
Cirque du Fer à Cheval
Plasne
Montrond
Censeau
Mgne du Laveron
Oye-et-Pallet
la Cluse et-Mijoux
les Verrières
Grotte aux Fées
Ste. Croix
Champagnole
Crotenay
Mièges
Nozeroy
Bonnevaux
Remoray-Boujeons
Malbuisson
les Hôpitaux Neufs
Baulmes
Col des Etroits
Suchet
Yverdon
Mathod
Orbe
la Lafette
Pontets
Metabief
Les Clées
Picarreau
Ladoye
la Marre
Mirebel
Pont-du-Navoy
Marigny
L. de Chalain
Chalain
Doucier
Châtillon
Syam
Bief-des-Maisons
les Planches-en-Mgne
Mouthe
Crêt Sapeau
Gellin
Vallorbe
Romainmôtier
le Pont
la Sarraz
Chaux-Neuve
leLieu
Foncine-le-Bas
Mont Noir
le Frasnois
la Chaux-du-Dombief
Bonlieu
Cascade du Hérisson
Mont Risoux
le Sentier
Lac de Joux
Col de Mollendruz
l'Isle
Mt. Tendre
Cossonay
St. Barthélemy
Bettens
Cheseaux
Col de la Savine
St. Maurice-en-Montagne
St. Laurent-en-Grandvaux
Lac de l'Abbaye
la Tour-du-Meix
Bellefontaine
le Brassus
Col du Marchairuz
Apples
Bière
Parc
Morez
Bois d'Amont
Etival
Château-des-Prés
Lezat
la Roche au Dade
la Rixouse
Naturel
les Rousses
St. George
Gimel
Chardonney
Vufflens le Château
Crissier
Bussy
Morges
Aubonne
Marchissy
Signal de Bougy
Moirans-en-Montagne
Longchaumois
la Cure
Col de la Givrine
St.Cergue
Rolle
Allaman
LAUSANNE
Valfin-lès-St. C.
St. Lupicin
Régional du
Crêt Pela
La Dôle
Begnins
Gland
St. Claude
St. Romain
Haut-Jura
Molinges
Mijoux
Col de la Faucille
Trelex
Crassier
Nyon
Prangins
Léman
Evian-les-Bains
Ripaille
Thonon-les-Bains
Blonay
les Moussières
Divonne
Gex
Coppet
Yvoire
Sciez
Allinges
Lélex
Colomby de Gex
les Bouchoux
Zone franche
Versoix
Hermance
Douvaine
la Rochette
Vailly
Belleydoux
Crêt de Chalam
Crêt de la Neige
Ferney-Voltaire
Genève (Cointrin)
Zone franche
Bons
Col de Cou
Col de Saxel
Habère-Poche
Col de Terramont
Col de Jambaz
Chézery-Forens
St. Genis-Pouilly
Vesenaz
Route des Grandes Alpes
les Voirons
Boëge
St. Germain-de-Joux
St. Jean
GENÈVE
(GENF)
Annemasse
la Chèvrerie
Roc d'Enfer
Russin
Confort
Chancy
Bonne
les Gets
Bellegarde s.V.
Collonges
St. Julien-en-Genevois
Mont Salève
Reignier
St. Jeoire
Défilé de l'Ecluse
Viry
Col de la Croisette
le Châble
La Roche-sur-Foron
Bonneville
Marignier
Châtillon
Taninges
Billiat
Jonzier
Frangy
Cruseilles
le Piot
le Petit-Bornand-les-Glières
Brizon
Mont Saxonnex
Cluses
Chanay
Pont de Douattes
Thorens-Glières
Sales
Seyssel
Clermont
Grotte de la Diau
le Reposoir
Col de la Colombière
F R A N C E
la Balme-de-Sillingy
Annecy (Meythet)
Lovagny
Tête du Parmelan
le Grand-Bornand
Pointe Percée
St. Jean-de-Sixt
la Clusaz
Col des Aravis
Sallanches
Vallières
Gorges du Fier
Anglefort
Rumilly
ANNECY
Veyrier
Thônes
St. Gervais
Megève
Ruffieux
Col du Sapenay
Chaudieu
Alby-s-Chéran
Sévrier
Lac d'Annecy
Menthon
Talloires
Col de la Croix-Fry
la Giettaz
Col du Marais
la Tournette
Flumet
Praz
Quintal
Crêt du Châtillon
Duingt
Serraval
Mt. Charvin
N.D. de Bellecombe
Crest-Voland
les Contamines-Montjoie
Albens
Gruffy
Cusy
Grotte de l'Ours
Bout-du-Lac
Col de Leschaux
Pont de l'Abîme
Ugine
C.d. Saisies

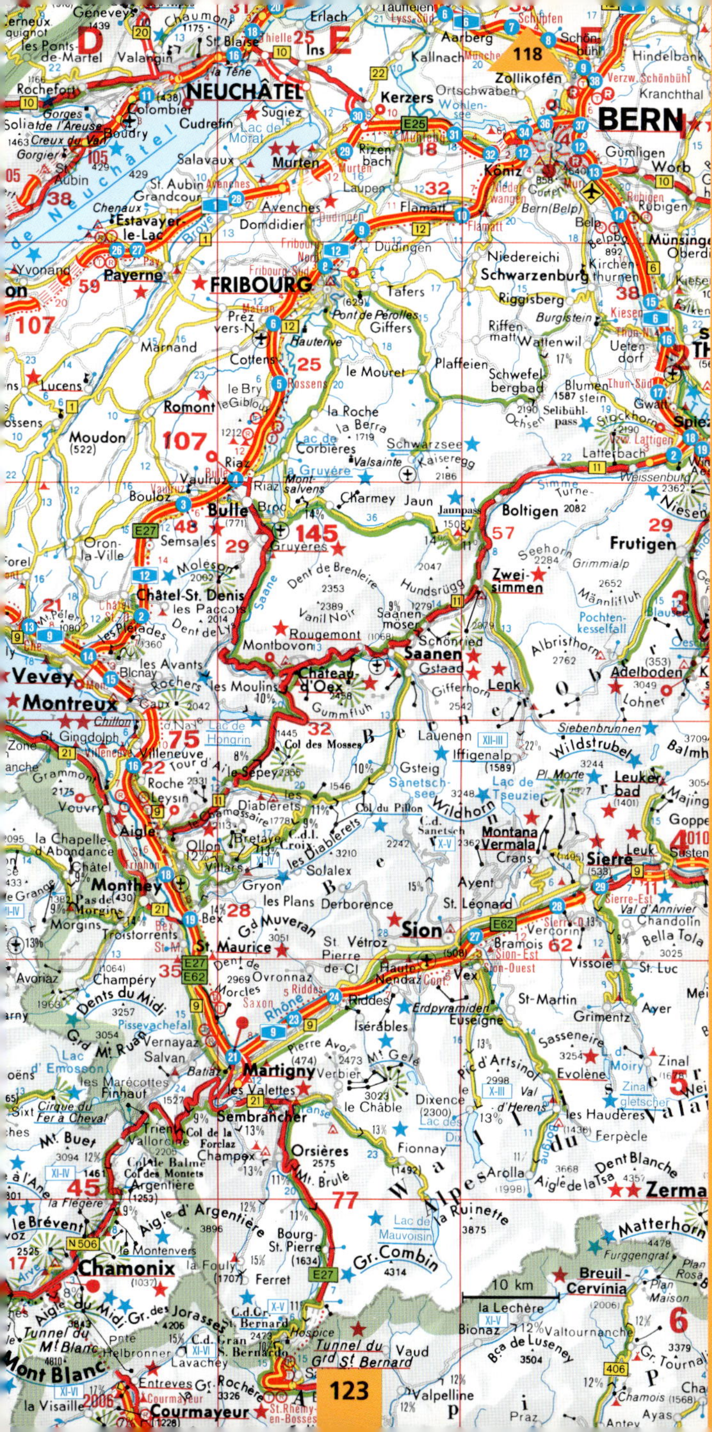

118
NEUCHÂTEL
BERN
Erlach
Ins
Aarberg
Schönbühl
Hindelbank
Zollikofen
Kallnach
Kerzers
Ortschwaben
Kranchthal
Rochefort
Colombier
Boudry
Sugiez
Cudrefin
Lac de Morat
Murten
Rizenbach
Laupen
Köniz
Gümligen
Worb
Rubigen
Münsingen
Belp
Bern(Belp)
Flamatt
Düdingen
Salavaux
St. Aubin
Grandcour
Avenches
Domdidier
Estavayer-le-Lac
Payerne
Yvonand
FRIBOURG
Tafers
Niedereichi
Schwarzenburg
Riggisberg
Kirchenthurnen
Burgistein
Pont de Pérolles
Giffers
Prez-vers-N.
Hauterive
Marnand
Cottens
Rossens
le Mouret
Plaffeien
Riffenmatt
Wattenwil
Uetendorf
Schwefelbergbad
Blumenstein
Lucens
Romont
le Bry
le Gibloux
la Roche
la Berra
Moudon
Corbières
Lac de la Gruyère
Schwarzsee
Valsainte
Kaiseregg
Gurnigel
Selibühlpass
Stockhorn
Latterbach
Spiez
Vaulruz
Riaz
Bouloz
Bulle
Broc
Charmey
Jaun
Jaunpass
Boltigen
Weissenburg
Niesen
Frutigen
Oron-la-Ville
Semsales
Gruyères
Moléson
Dent de Brenleire
Vanil Noir
Hundsrügg
Zweisimmen
Seehorn
Grimmialp
Männlifluh
Pochtenkesselfall
Châtel-St. Denis
les Paccots
Dent de Lys
Rougemont
Saanenmöser
Schönried
Saanen
Gstaad
Albristhorn
Adelboden
Montbovon
Château-d'Oex
Gifferhorn
Lenk
Lohner
Vevey
Montreux
Chillon
les Pléiades
les Avants
Rochers de Naye
les Moulins
Gummfluh
Lac de Hongrin
Col des Mosses
Lauenen
Iffigenalp
Siebenbrunnen
Wildstrubel
St. Gingolph
Villeneuve
Tour d'Aï
le Sépey
Gsteig
Sanetschsee
Lac de Tseuzier
Wildhorn
Leukerbad
Roche
Leysin
Diablerets
Col du Pillon
les Diablerets
Montana
Vermala
Crans
Sierre
Leuk
Aigle
Ollon
Bretaye
Villars
Solalex
Gryon
les Plans
Derborence
Ayent
St. Léonard
Monthey
Morgins
Troistorrents
Bex
St. Maurice
Gd Muveran
Sion
Bramois
Vercorin
Chandolin
Bella Tola
Vissoie
St. Luc
Champéry
Dents du Midi
Ovronnaz
Saxon
Rhône
Riddes
Haute-Nendaz
Vex
Erdpyramiden
Euseigne
St-Martin
Grimentz
Ayer
Pissevachefall
Vernayaz
Salvan
Lac d'Emosson
les Marécottes
Finhaut
Martigny
Pierre Avoi
Verbier
Mt. Gelé
le Châble
Dixence
Lac des Dix
Pic d'Artsinol
Val d'Herens
Evolène
les Haudères
Ferpècle
Zinal
Val d'Anniviers
Sembrancher
Trient
Col de la Forclaz
Champex
Orsières
Fionnay
Arolla
Mt. Buet
Col de Balme
Col des Montets
Argentière
Aig. d'Argentière
Mt. Brulé
Dent Blanche
Aigle de la Tsa
Zermatt
la Flégère
le Brévent
les Montenvers
la Fouly
Bourg-St. Pierre
Lac de Mauvoisin
la Ruinette
Matterhorn
Furggengrat
Chamonix
Ferret
Gr. Combin
Breuil-Cervínia
Plan Rosa
Plan Maison
10 km
la Lechère
Aig. du Midi
Gr. des Jorasses
C.d. Gr. St. Bernard
Hospice
Tunnel du Grd St Bernard
Vaud
Valtournanche
Tunnel du Mt. Blanc
Pnte Helbronner
Lavachey
Bionaz
Bca de Luseney
Gr. Tournalin
Mont Blanc
Entrèves
Gr. Rochère
Courmayeur
la Visaille
St. Rhémy-en-Bosses
Valpelline
Praz
Chamois
Ayas
123

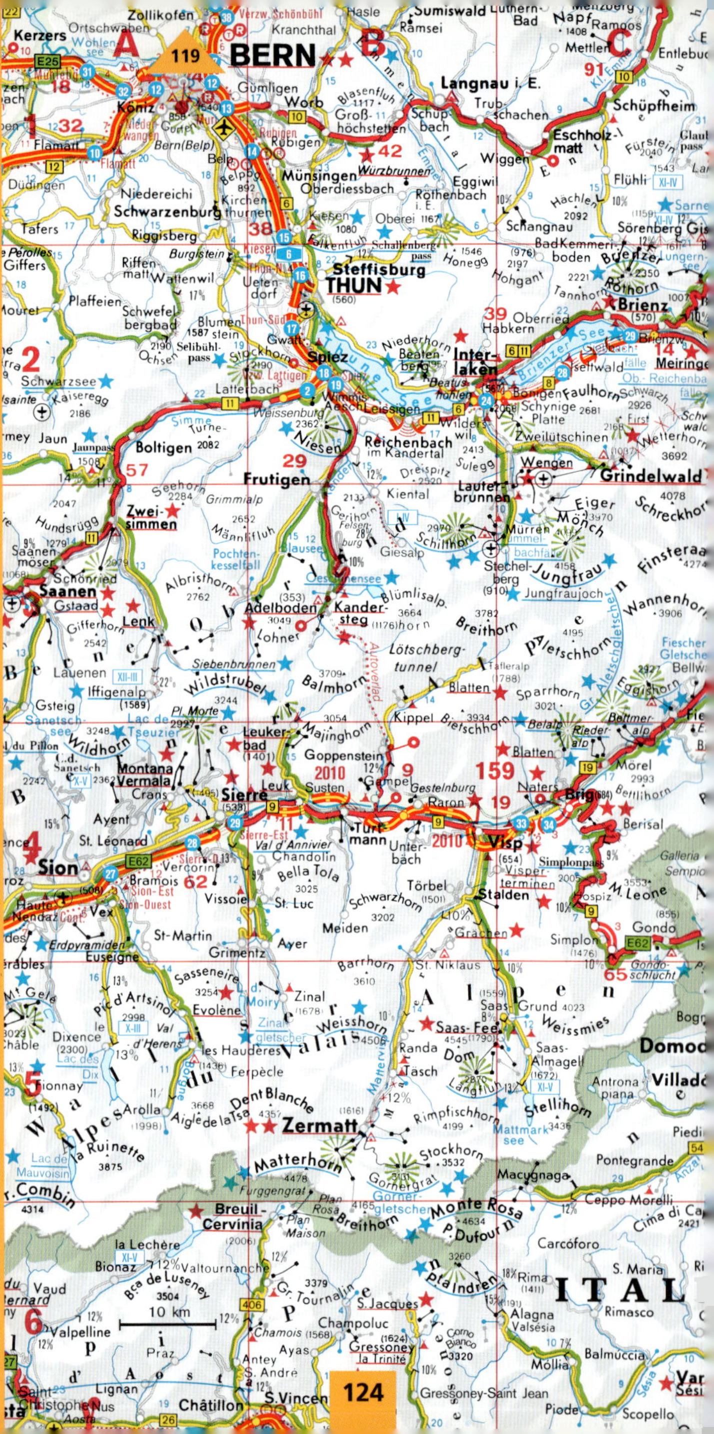

BERN
Zollikofen
Kerzers
Ortschwaben
Wohlensee
Verzw. Schönbühl
Hasle
Sumiswald
Luthern-Bad
Napf
Ramsei
Kranchthal
Ramgos
Mettlen
Entlebuch
Gümligen
Langnau i. E.
Köniz
Worb
Blasenfluh
Großhöchstetten
Schüpbach
Trubschachen
Schüpfheim
Flamatt
Nieder-wangen
Bern(Belp)
Rubigen
Eschholzmatt
Wiggen
Fürstein
Glaubenbergpass
Düdingen
Belp
Belpberg
Münsingen
Würzbrunnen
Oberdiessbach
Eggiwil
Röthenbach i. E.
Flühli
Niedereichi
Schwarzenburg
Kirchenthurnen
Kiesen
Oberei
Schangnau
Hächlen
Sörenberg
Sarnen
Tafers
Riggisberg
Falkenfluh
Schallenbergpass
Honegg
Bad Kemmeriboden
Brienzer Rothorn
Giffers
Burgistein
Riffenmatt
Wattenwil
Uetendorf
Steffisburg
THUN
Hohgant
Tannhorn
Brienz
Plaffeien
Schwefelbergbad
Blumenstein
Thun-Süd
Gwatt
Oberried
Habkern
Selibühlpass
Ochsen
Stockhorn
Spiez
Niederhorn
Beatenberg
Interlaken
Brienzer See
Iseltwald
Meiringen
Giessbachfälle
Ob. Reichenbachfälle
Schwarzsee
Kaiseregg
Latterbach
Zw. Lattigen
Wimmis
Aeschi
Thuner See
Leissigen
Beatushöhlen
Bönigen
Schynige Platte
Faulhorn
Schwarzhorn
First
Wetterhorn
Jaun
Jaunpass
Simme
Turne
Boltigen
Weissenburg
Niesen
Reichenbach im Kandertal
Wilderswil
Zweilütschinen
Sulegg
Wengen
Grindelwald
Frutigen
Dreispitz
Kiental
Lauterbrunnen
Eiger
Mönch
Schreckhorn
Seehorn
Zweisimmen
Grimmialp
Hundsrügg
Männlifluh
Gerihorn
Schilthorn
Mürren
Trümmelbachfälle
Finsteraarhorn
Saanenmöser
Schönried
Pochtenkesselfall
Blausee
Giesalp
Stechelberg
Jungfrau
Jungfraujoch
Saanen
Gstaad
Albristhorn
Oeschinensee
Blümlisalp
Wannenhorn
Lenk
Adelboden
Kandersteg
Breithorn
Gifferhorn
Lohner
Lötschbergtunnel
Aletschhorn
Fieschergletscher
Autoverlad
Siebenbrunnen
Lauenen
Wildstrubel
Balmhorn
Fafleralp
Gr. Aletschgletscher
Gsteig
Iffigenalp
Blatten
Sparrhorn
Eggishorn
Sanetschsee
Lac de Tseuzier
Pl. Morte
Kippel
Bietschhorn
Belalp
Riederalp
Bettmeralp
Col du Pillon
Wildhorn
Leukerbad
Majinghorn
Goppenstein
C.d. Sanetsch
Montana
Vermala
Gampel
Mörel
Crans
Sierre
Leuk
Susten
Gestelnburg
Raron
Naters
Brig
Bettlihorn
Ayent
Turtmann
Berisal
St. Léonard
Sierre-Est
Val d'Anniviers
Unterbach
Visp
Chandolin
Simplonpass
Sion
Vercorin
Bella Tola
Visperterminen
Galleria Sempione
Bramois
Sion-Est
Sion-Ouest
Vissoie
St. Luc
Törbel
Stalden
Hospiz
M. Leone
Haute-Nendaz
Vex
Schwarzhorn
Grächen
Gondo
Erdpyramiden
St-Martin
Meiden
Ayer
Simplon
Euseigne
Grimentz
St. Niklaus
Gondoschlucht
Barrhorn
Sasseneire
Zinal
Saas-Grund
Evolène
Lac de Moiry
Alpen
Bognanco
Pic d'Artsinol
Zinalgletscher
Weisshorn
Saas-Fee
Weissmies
Domodossola
Dixence
Val d'Hérens
les Haudères
Valais
Randa
Dom
Saas-Almagell
Villadossola
Lac des Dix
Ferpècle
Täsch
Längfluh
Antrona piana
Fionnay
Arolla
Dent Blanche
Mattertal
Rimpfischhorn
Stellihorn
Aigle de la Tsa
Zermatt
Mattmarksee
Walliser Alpen
la Ruinette
Matterhorn
Stockhorn
Pontegrande
Lac de Mauvoisin
Gornergrat
Macugnaga
Gr. Combin
Furggengrat
Plan Rosa
Gornergletscher
Monte Rosa
Ceppo Morelli
Breuil-Cervinia
Plan Maison
Breithorn
P. Dufour
Cima di Capezzone
la Lechère
Carcóforo
Valtournanche
Punta Indren
Rima
S. Maria
Bionaz
Bca de Luseney
ITALIA
Vaud
Gr. Tournalin
S. Jacques
Alagna Valsésia
Rimasco
Valpelline
10 km
Champoluc
Corno Bianco
Chamois
Ayas
Gressoney la Trinité
Praz
Antey S. André
Mollia
Balmuccia
Valle d'Aosta
Lignan
Gressoney-Saint Jean
Varallo Sesia
Nus
Saint-Christophe
Aosta
Châtillon
S. Vincent
Piode
Scopello

120
Glarus
Schwyz
Brunnen
Weggis
Horw
Hergiswil
Bürgenstock
Stans
Beckenried
Treib
Rütli
Sisikon
Axenstr.
Muotathal
Stoos
Hölloch
Ibergeregg
Pragel
Richisau
Schwanden
Engi
Luchsingen
Matt
Böser Faulen
Dürrenboden
Braunwald
Linthal
Diesbachfall
Elm
Klewenalp
Seelisberg
Flüelen
Altdorf
Bürglen
Klausenpass
Spittelrüti
Fätschbachfälle
Hausstock
Tierfehd
Stäubifall
Unterschächen
St. Loretto
Sachseln
Melchthal
Kerns
Ober-Jakobsbach
Uri-Rotstock
Engelberg
Erstfeld
Gr. Windgällen
Maderanertal
Amsteg
Tödi
Limmerensee
Hutstock
Trübsee
Gr. Spannort
Titlis
Engstlenalp
Breil/Brigels
Gadmen
Sustenpass
Steingletscher
Sustenhorn
Färnigen
Wassen
Oberalpstock
Disentis/Mustér
Tavanasa
Obersaxen
Somvix
Trun
Ringgenberg
Göschenen
Göschener Alpe
Dammastock
Schöllenenschlucht
Oberalppass
Sedrun
Andermatt
Hospental
Tschamut
Sogn Gion
Curaglia
Vorderrhein
P. Val Cronda
Tenigerbad
Vrin
Lumbrein
Valser Tal
Guttannen
Rhonegletscher
Realp
Badus
Medel
St. Gotthard-Tunnel
Furkapass
St. Gotthard
Gletsch
Hospiz
Grimselpass
Oberwald
P. Rotondo
P. Centrale
Lukmanierpass
Santa Maria
Scopí
Cassaccia
Campo (Blenio)
Olivone
Zervreilasee
Vals
Fanellahorn
Hinterrhein
San Bernardino Pass
Airolo
Piotta
Quinto
P. Sole
Faido
P. Molare
Negrentino
Rheinwaldhorn
San Bernardino-Str.
Bedretto
Nufenenpass
P. di S. Giacomo
All' Acqua
Lago Sambuco
Rodi
Gola Piottino
Fúsio
Cascata Piumogno
Biaschina
Acquarossa
Madra
Malvaglia
Serravalle
San Bernardino
Cascata della Frua
M. Basódino
S. Antonio
S. Carlo
Peccia
Campo Tencia
Giornico
Bodio
Biasca
Cima di Gaigèla
Rossa
Formazza
M. Giove
L. Codelago
Toce
Foppiano
Bosco-Gurin
Cevio
Bignasco
M. Zucchero
Sonogno
Osogna
Torrente Alto
Lostallo
Ticino
Corona di Groppo
Cerentino
Cimalmotto
Cascata di Soladino
Someo
Brione-Verzasca
Lavertezzo
Cresciano
Arvigo
Santa Maria
Grono
Roveredo
Baceno
Crodo
P. Cramalina
Maggia
Vergeletto
Spruga
Cimetta
Castione
Bellinzona
Giubiasco
Moesa
P. la Scheggia
Ponte Ribellasca
Intragna
Cavigliano
Locarno
Gordola
Cadenazzo
Crevoladóssola
S. Maria Maggiore
Masera
Centovalli
Ascona
Gridone
Brissago
M. Ceneri
M. Tamaro
Rivera
Isone
Camoghè
Bogno
Trontano
Piano di Sale
M. Togano
Béura
Pte. di Falmenta
Curiglia
Taverne
Tesserete
Bartolomeo
S. Maria-Rezzonico
M. Zeda
Cannobio
Maccagno
Cannero
Porlezza
Vogogna
Cuzzago
Luino
Lugano
LUGANO
Menaggio
M. di Tremezzo
Cadenábbia
Ornavasso
Mergozzo
Miazzina
Premeno
Campione
Lanzo d'Intelvi
Castigl. d'Intelvi
Tremezzo
Gravellona Toce
Verbania (Pallanza) (Intra)
Porto Valtravaglia
Melide
M. Generoso
Argegno
Baveno
Stresa
Laveno
Morcote
Roncapiano
Riva S. V.
Mendrisio
M. Bisbino
Nesso
Strona
M. Mottarone
Omegna
Porto Ceresio
Viggiù
Laglio
S. Calenna di Sasso
Besozzo
Barasso
Chiasso
Cernóbbio
Cesara
Belgirate
Lesa
Armeno
Gavirate
VARESE
Malnate
Brunate
COMO
Orta S. Giulio
Meina
Arona
Angera
Schianno
Olgiate Com.
Albese

120
Schwanden
Glärnisch
Bad Ragaz
Altdorf
Flüelen
Sisikon
Muotathal
Braunwald
Linthal
Elm
Matt
Luchsingen
Weisstannen
St. Martin
Vättis
Erstfeld
Klausenpass
Tödi
Calanda
Chur
Domat/Ems
Reichenau
Flims
Laax
Ilanz
Versam
Rhäzüns
Disentis/Mustér
Sedrun
Oberalpstock
Maderanertal
Amsteg
Brigels
Trun
Tenna
Thusis
Cazis
Vals
Vrin
Lumbrein
Zillis
Andeer
Splügen
Nufenen
Hinterrhein
San Bernardino Pass
San Bernardino
Airolo
Olivone
Biasca
Faido
Rodi
Mesocco
Lostallo
Roveredo
Bellinzona
Chiavenna
Madésimo
Campodolcino
Locarno
Ascona
Gordola
Maggia
Lugano
Porlezza
Menaggio
Gravedona
Dongo
Dervio
Bellano
Varenna
Bellágio
Mandello
Lecco
Luino
Maccagno
Varese
Malnate
Olgiate Com.
Como
Cernóbbio
Chiasso
Erba
Oggiono
Calolzio-corte

121
127
D
E
F
St. Gallenkirch
Ischgl
Serfaus
Hexenkopf
3038
33
Schiers
Gaschurn
Kops-Stausee
Partenen
Galtür
Spiss
Pfunds
St. Antönien
Gargellen
Samnaun
Zollfreie
Kajetansbrücke
44
Pany
Küblis
Saas
Silvretta-Hochalpenstr.
Bielerhöhe
Zone
Finstermünz-Engpaß
Hochfinstermünz
Nauders
Silvretta-Stausee
Fluchthorn
3399
Muttler
3294
Martina
Klosters
Gr. Litzner
3109
Silvrettagruppe
Piz Buin
3312
Val Sinestra
Vnà
Reschenpaß
Passo di Résia
Reschen
Monbiel
Weissfluh
Langwies
Ramosch
Arosa
Frauenkirch
Davos
(1558)
Vereinatunnel
Autoverlad
Piz Linard
3411
Guarda
48
Scuol
Rojen
Graun
26
Susch
Lavin
Ardez
Vulpera
Tarasp-Fontana
Reschensee
Haider-S.
St. Valentin auf der Haide
Flüelapass
2383
Sertig-Dörfli
Unterengadin
S-charl
Wiesen
Barentritt
Dürrboden
Zernez
(1472)
P. Vadret
3229
Engadiner Alpen
Piz Sesvenna
3205
Burgeis
Marienberg
Fürstenburg
Mals
Filisur
Brail
Nationalpark
Ofenpass/Pass dal Fuorn
Taufers
Glurns
Bergün/Bravuogn
P. Kesch
3418
28
S-chanf
Tschierv
Val Müstair
Müstair
Stilfs
Prad
Albulastrasse
Albulapass
Zuoz
La Punt-Chamues-ch
56
Sta. Maria
Lago di Livigno
L.d. San Giacomo
Umbrail-Pass
2503
Gomagoi
Trafoi
Albulatunnel
NSG
Samedan
Celerina
Muottas Muragl
Livigno
Pso d. Eira
2208
S. Rainert
Piz Nair
3057
St. Moritz
Julier-P.
2284
Pontresina
Pte Lungo
Pso d. Foscagno
2291
L. di Cancano
Isolaccia
Adda
Stilfser Joch
Pso d. Stelvio
Ortler
3905
Piscine romane
12
St. M.-Bad
Morteratsch
P. Languard
3262
Zona franca
Forcola di Livigno
Bórmio
(1225)
3370
Parco dello Stelvio
Silvaplana
(1815)
Silvaplaner See
Sils i. E.
P. Lagalb
2959
di P. Zembrasca
3090
Arnoga
M. Confinale
Valdisotto
Valfurva
3012
Santa Caterina Valfurva
Silser See
P. Corvatsch
3451
Diavolezza
L. Bianco
Pso. del Bernina
2330
Cima de Piazzi
3439
3296
M. Sobretta
3684
P. S. Matteo
4049
Bernina
62
C. Lago Spalmo
3291
97
2621
Pso Gávia
Chiareggio
(1612)
P. Verona
3453
V. Puschiavo
Sóndalo
Castello
3392
L. di Alpe Gera
Rif Zóia
Poschiavo
3212
P. di Pietra Rossa
L. Pain
3678
Chiesa
Vetto
Caspoggio
L. d. Poschiavo
962
Grósio
Grosotto
Ponte di Legno
(1258)
Pso del Tonale
1884
Temù
M. Disgrázia
Torre d. S. Maria
Vetta di Ron
3136
Brúsio
Vezza d'Oglio
Lóvero Valt.
Prasomaso
Adamello
Lago di Avio
SÓNDRIO
(307)
Berbenno
Ponte in Valt
Teglio
Tirano
(450)
Édolo
(690)
29
Aprica
Pso d'Aprica
1176
Tresenda
(375)
3554
Adamello
Tártano
Orobie
Ambria
Malonno
3462
M. Carè Alto
Cedégolo
Saviore d. A.
Paisco
Pzo di Coca
3052
Cno Stella
2620
Fóppolo
ITALIA
Valbondione
Casc. del Serio
Pso d. Vivione
1828
Capo di Ponte
la Rásega
Malga Bissina
Carona
Lizzola
Vilminore d. Sc.
Schilpario
M. Re di Castello
2891
Branzi
Dezzo
Lózio
Val Camonica
Gromo
Sério
Presolana
2521
Pso d. Presolana
1108
Borno
Cornone d. Blumone
2830
Chiese
Breno
Brembo
2512
Pzo Arera
Zambla
Castione d.P.
Clusone
(648)
Via Mala Lombarda
Dezzo
Boario Terme
Campolaro
Pso Croce Dòmini
1892
Condino
Serina
2019
M. Alben
Nossa
Costa Volpino
Lóvere
Darfo
(221)
2150
M. Frà
Giogo della Bala
2162
Valle Dorizzo
Storo
Pellegrino Terme
Artogne
10 km
Bagolino
Caffaro
(553)
Gandino
Sovere
Pisogne
Cóllio
1664
Pso di Maniva
(379)
Bondone
Fiorano
Selvino
Lago d'Iseo
Endine Gaiano
Albino
Bovegno
1757
M. Ário
Anfo
Magasa
Lago

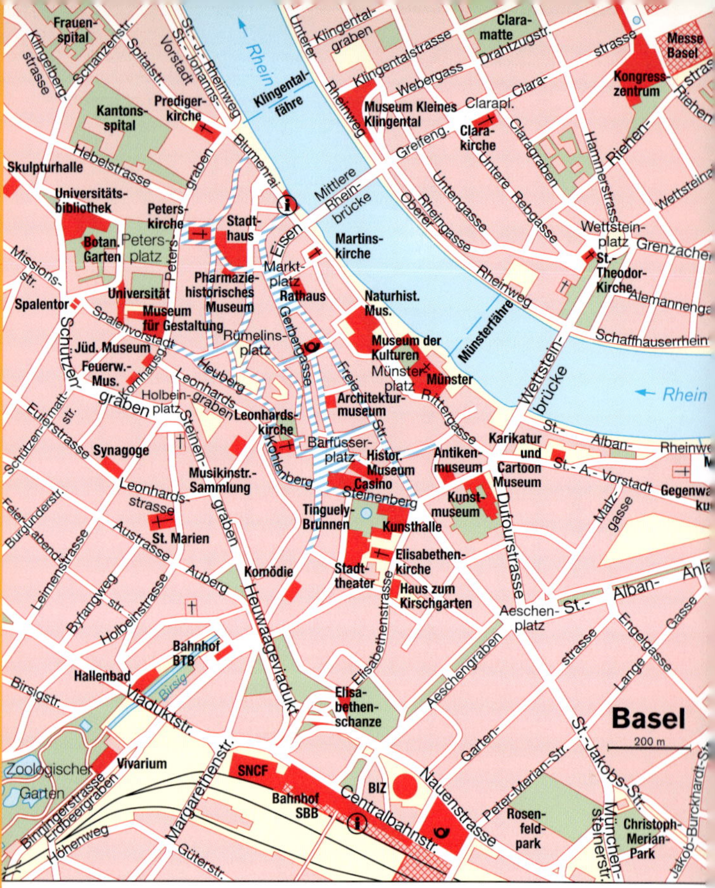

Basel
200 m
Frauenspital
Klingelbergstrasse
Schanzenstr.
Spitalstr.
St. Johanns-Vorstadt
St.-J.-Rheinweg
Rhein
Unterer Rheinweg
Klingentalgraben
Klingentalstrasse
Claramatte
Drahtzugstr.
Messe Basel
Kongresszentrum
Riehenstrasse
Klingentalfähre
Kantonsspital
Predigerkirche
Webergass
Museum Kleines Klingental
Clarapl.
Clarastr.
Clarakirche
Greifeng.
Claragraben
Hammerstrasse
Riehen-
Untere Rebgasse
Skulpturhalle
Hebelstrasse
Blumenrain
Petersgraben
Mittlere Rheinbrücke
Untergasse
Obere Rheingasse
Wettsteinplatz
Wettsteinstr.
Grenzacher
Universitätsbibliothek
Peterskirche
Stadthaus
Botan. Garten
Petersplatz
Martinskirche
St. Theodor-Kirche
Alemannengasse
Missionsstr.
Eisengasse
Marktplatz
Rathaus
Pharmaziehistorisches Museum
Rheinweg
Universität
Spalentor
Museum für Gestaltung
Naturhist. Mus.
Spalenvorstadt
Rümelinsplatz
Gerbergasse
Museum der Kulturen
Münsterfähre
Schaffhauserrhein
Schützengraben
Jüd. Museum
Feuerw.-Mus.
Kohlenberg
Heuberg
Münsterplatz
Münster
Wettsteinbrücke
Leonhardsgraben
Holbeinplatz
Architekturmuseum
Rittergasse
Freie Str.
Eulerstrasse
Schützenmattstr.
Leonhardskirche
Steinengraben
Barfüsserplatz
Histor. Museum
Antikenmuseum
Karikatur und Cartoon Museum
St. Alban-Vorstadt
Rheinweg
Synagoge
Musikinstr.-Sammlung
Kohlenberg
Casino
Steinenberg
Gegenwartskunst
Leonhardsstrasse
Tinguely-Brunnen
Kunstmuseum
Dufourstrasse
Malzgasse
Feierabendstr.
Burgunderstr.
St. Marien
Austrasse
Kunsthalle
Leimenstrasse
Elisabethenkirche
Komödie
Auberg
Stadttheater
Haus zum Kirschgarten
St. Alban-Anlage
Byfangweg
Holbeinstrasse
Heuwaageviadukt
Elisabethenstrasse
Aeschenplatz
Aeschengraben
Engelgasse
Lange Gasse
Bahnhof BTB
Hallenbad
Birsig
Birsigstr.
Viaduktstr.
Elisabethenschanze
St. Jakobs-Str.
Zoologischer Garten
Vivarium
Margarethenstr.
SNCF
BIZ
Nauenstrasse
Gartenstrasse
Peter-Merian-Str.
Binningerstrasse
Erdbeergraben
Bahnhof SBB
Centralbahnstr.
Rosenfeldpark
Münchensteinerstr.
Christoph-Merian-Park
Jakob-Burckhardt-Str.
Höhenweg
Güterstr.

Lugano
200 m
Via Genzana
Via San Gottardo
Via M. Ceneri
Via Dufour
Via Franscini
Via C. Maderno
Basilica del Sacro Cuore
Viale
Via agli Orti
Via alla Roggia
Villa Saroli
Viale S. Franscini
Banca del Gottardo
Elvezia
Via A. Fusoni
Via al Lido
Viale dei Faggi
Via al Chioso
Maggio
Via San Gottardo
Via Canton
Chiesa dei Cappuccini
Via Serafino Balestra
Cassarate
Via Coremmo
Palazzo Ransila
Pretorio
Via E. Bossi
Corso Elvezia
Via Luigi Canonica
Via C. Marzio
Centro Esposizioni
Via A. Galli
Palazzo di Giustizia
Piazzale di Basso
Stazione FFS
Corso Pestalozzi
Palazzo dei Congressi
Viale C. Cattaneo
Viale Castagnola
San Lorenzo
S. Rocco
Parco Civico
Piscina Comunale
Via Tomaso
Via Basilea
Palazzo Riva
Palazzo Albertolli
Villa Ciani
Museo Civico
Lido
Piazza Riforma
Museo Cantonale d'Arte
Casino
Biblioteca Cantonale
Museo Cantonale di Storia Naturale
Porto Comunale
Via Aprica
Municipio
Piazza Rezzonico
Via Montarina
Via Clemente Maraini
Via Giuseppe Motta
Via Nassa
Riva V. Vela
Lago di Lugano
(Ceresio)
Circolo Vela
Parco Tassino
Piazza B. Luini

1 Maison Tavet
2 Hôtel de Ville
3 Monument de la Réformation
4 Temple de l'Auditore
5 Palais Eynard
6 Ecole Sup. d'Art
7 Mairie
8 Mus. d'Histoire Naturelle
9 Musée d'Ortologerie

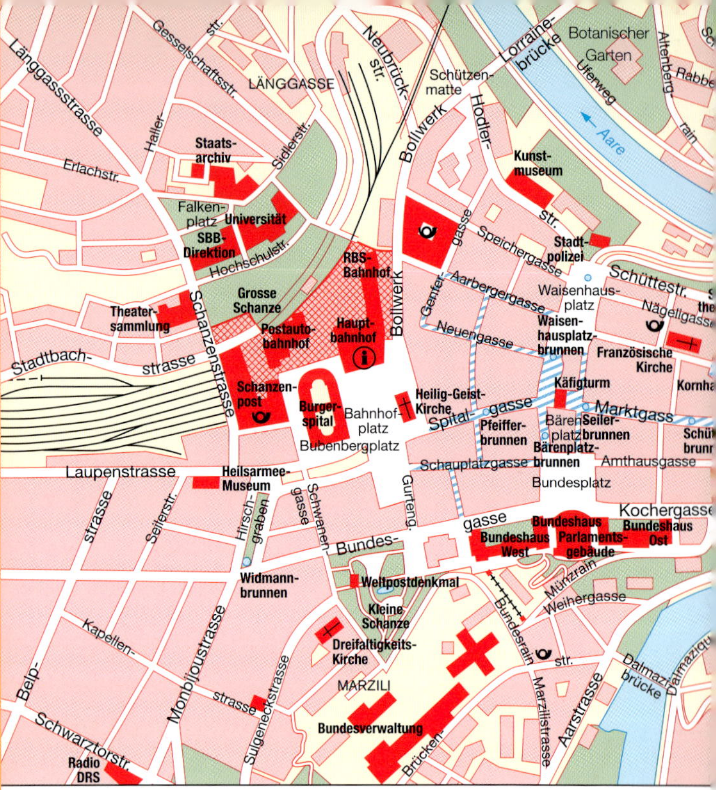
Länggassstrasse
Gesselschaftsstr.
LÄNGGASSE
Neubrück-str.
Schützen-matte
Lorraine-brücke
Botanischer Garten
Uferweg
Altenberg-rain
Aare
Erlachstr.
Haller-str.
Staats-archiv
Sidlerstr.
Bollwerk
Hodler-str.
Kunst-museum
Falken-platz
Universität
SBB-Direktion
Hochschulstr.
RBS-Bahnhof
Speichergasse
Stadt-polizei
Schüttestr.
Genfer-gasse
Aarbergergasse
Waisenhaus-platz
Nägeligasse
Theater-sammlung
Grosse Schanze
Postauto-bahnhof
Haupt-bahnhof
Neuengasse
Waisen-hausplatz-brunnen
Französische Kirche
Stadtbach-strasse
Schanzenstrasse
Schanzen-post
Burger-spital
Bahnhof-platz
Heilig-Geist-Kirche
Spital-gasse
Käfigturm
Marktgass
Kornha
Pfeiffer-brunnen
Bären-platz
Seiler-brunnen
Bärenplatz-brunnen
Bubenbergplatz
Schauplatzgasse
Amthausgasse
Laupenstrasse
Heilsarmee-Museum
Bundesplatz
Schwanen-gasse
Gurteng.
Hirsch-graben
Seilerstr.
Bundes-gasse
Bundeshaus West
Bundeshaus Parlaments-gebäude
Bundeshaus Ost
Kochergasse
Widmann-brunnen
Weltpostdenkmal
Münzrain
Weihergasse
Kleine Schanze
Bundesrain
Kapellen-strasse
Monbijoustrasse
Dreifaltigkeits-Kirche
Marzilistr.
Dalmazi-brücke
MARZILI
Sulgeneckstrasse
Aarstrasse
Belp-strasse
Schwarztorstr.
Bundesverwaltung
Brücken-str.
Marzilistrasse
Radio DRS

St. Gallen

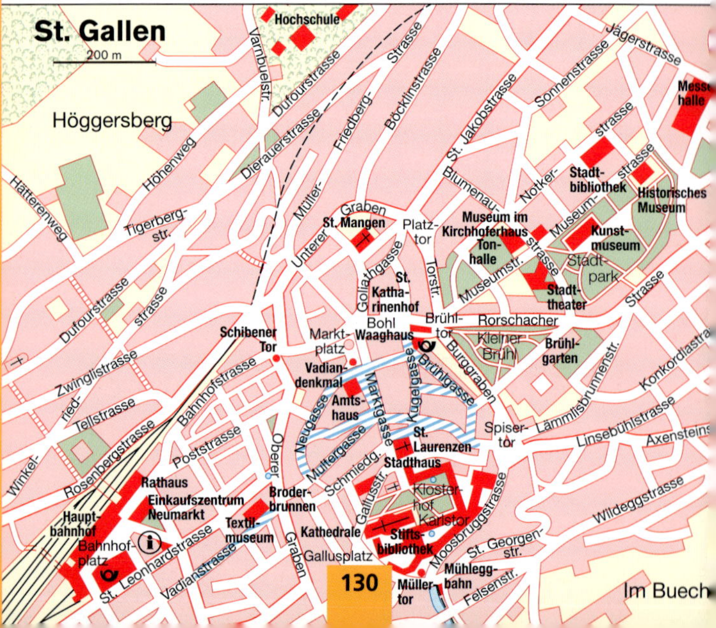
St. Gallen
200 m
Hochschule
Varnbüelstr.
Dufourstrasse
Strasse
Böcklinstrasse
Jägerstrasse
Sonnenstrasse
Höggersberg
Dierauerstrasse
Friedberg-strasse
St. Jakobstrasse
Messe halle
Höhenweg
Hätterenweg
Tigerberg-str.
Müller-strasse
Blumenau-strasse
Notker-strasse
Stadt-bibliothek
Historisches Museum
Graben
St. Mangen
Unterer Graben
Platz-tor
Museum im Kirchhoferhaus
Ton-halle
Museum-strasse
Kunst-museum
Stadt-park
Museumstr.
Dufourstrasse
Gollathgasse
St. Katha-rinenhof
Torstr.
Stadt-theater
Strasse
Bohl
Brühl-tor
Rorschacher
Schibener Tor
Markt-platz
Waaghaus
Kleiner Brühl
Brühl-garten
Zwinglistrasse
Bahnhofstrasse
Vadian-denkmal
Kugelgasse
Brühlgasse
Burggraben
Konkordiastr.
ried-
Tellstrasse
Amts-haus
Marktgasse
Lämmlisbrunnenstr.
Neugasse
Spiser-tor
Linsebühlstrasse
Axenstein
Oberer
St. Laurenzen
Winkel-
Rosenbergstrasse
Poststrasse
Multergasse
Stadthaus
Rathaus
Einkaufszentrum Neumarkt
Broder-brunnen
Schmiedg.
Klosterhof
Wildeggstrasse
Haupt-bahnhof
Textil-museum
Gallusstr.
Karlstor
Moosbruggstrasse
Kathedrale
Stifts-bibliothek
St. Georgen-str.
Bahnhof-platz
St. Leonhardstrasse
Vadianstrasse
Graben
Gallusplatz
Mühlegg-bahn
Müller-tor
Felsenstr.
Im Buech

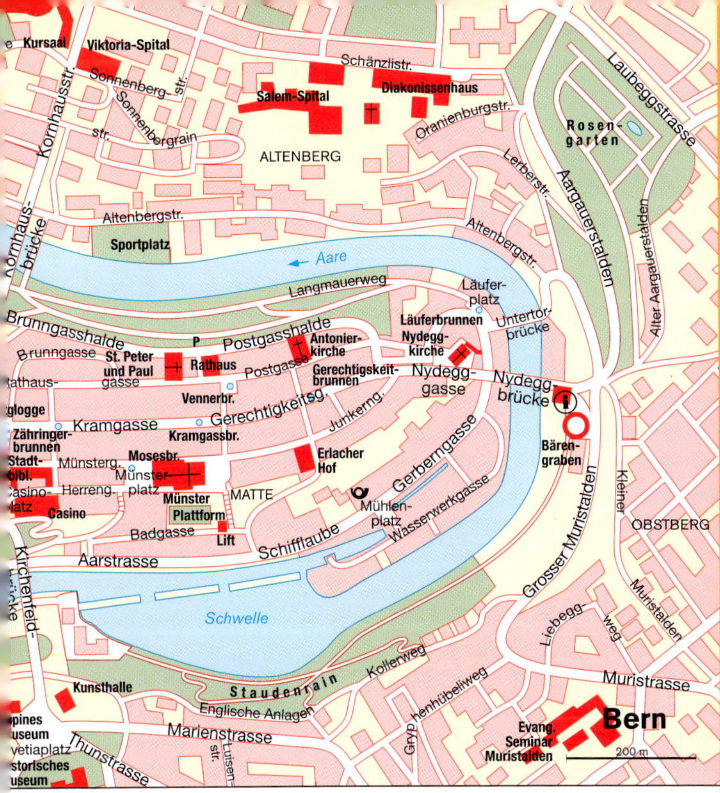
Bern
200 m
Kursaal
Viktoria-Spital
Sonnenberg-str.
Schänzlistr.
Salem-Spital
Diakonissenhaus
Oranienburgstr.
Laubeggstrasse
Rosengarten
Kornhausstr.
Sonnenbergrain
ALTENBERG
Lerberstr.
Aargauerstalden
Alter Aargauerstalden
Altenbergstr.
Sportplatz
Aare
Langmauerweg
Läuferplatz
Läuferbrunnen
Untertorbrücke
Brunngasshalde
Postgasshalde
Antonierkirche
Nydeggkirche
Brunngasse
St. Peter und Paul
Rathaus
Postgasse
Gerechtigkeitbrunnen
Nydegggasse
Nydeggbrücke
Rathausgasse
Vennerbr.
Gerechtigkeitsg.
Junkerng.
Kramgasse
Kramgassbr.
Zähringerbrunnen
Erlacher Hof
Bärengraben
Münsterg.
Mosesbr.
Münsterplatz
Herreng.
MATTE
Gerberngasse
Casino
Münster
Plattform
Mühlenplatz
Wasserwerkgasse
Kleiner Muristalden
OBSTBERG
Badgasse
Lift
Schifflaube
Aarstrasse
Grosser Muristalden
Kirchenfeldbrücke
Schwelle
Liebeggweg
Muristalden
Staudenrain
Kollerweg
Muristrasse
Kunsthalle
Englische Anlagen
Gryphenhübeliweg
Marienstrasse
Luisenstr.
Thunstrasse
Evang. Seminar Muristalden

Luzern
200 m
Friedbergstrasse
Fluhmattstrasse
Zürichstrasse
Gletschergarten
Denkmalstr.
Löwendenkmal
Felsbergstr.
Abendweg
Brambergstrasse
Bergstrasse
Panorama
Löwenplatz
Weystr.
Dreilindenstrasse
Priesterseminar
Adligenswilerstr.
Löwenstrasse
Alpenstr.
Hofkirche
Zinggentorstr.
Strasse
Diebold-Schilling-Strasse
Museggstrasse
Haldenstrasse
Museggmauer
Christuskirche
Hertensteinstrasse
Matthäuskirche
Kurplatz
Nationalquai
Kursaal
Badeanstalt
Mariahilfkirche
Schweizerhofquai
Schwanenplatz
St.-Karli-Quai
Reuss
Löwengraben
St. Peter
Picasso-Museum
Seebrücke
Vierwaldstätter See
Naturmuseum
Spreuerbrücke
Altes Rathaus
Kapellbrücke
Landungsbrücke
Histor. museum
Krambrücke
Wasserturm
Bahnhofstrasse
Bahnhofplatz
Theater
Regierung
Jesuitenkirche
Bahnhof
Kultur- und Kongresszentrum
Franziskanerkirche
Sammlung Rosengart
Hirschengraben
Hirschmattstr.
Pilatusstrasse
Zentralstr.
Kunstmuseum
Inseliquai
Bruchstrasse
Frankenstr.
Stadthaus
Synagoge
Pilatuspl.
Pilatusstr.

In diesem Register finden Sie alle in diesem Band erwähnten Orte, Berge und Ausflugsziele verzeichnet. Halbfette Seitenzahlen verweisen auf den Haupteintrag, kursive auf ein Foto.

Schreiben Sie uns!

Liebe Leserin, lieber Leser,

wir setzen alles daran, Ihnen möglichst aktuelle Informationen mit auf die Reise zu geben. Dennoch schleichen sich manchmal Fehler ein – trotz gründlicher Recherche unserer Autoren/innen. Sie haben sicherlich Verständnis, dass der Verlag dafür keine Haftung übernehmen kann. Wir freuen uns aber, wenn Sie uns schreiben.

Senden Sie Ihre Post an die MARCO POLO Redaktion, MAIRDUMONT, Postfach 31 51, 73751 Ostfildern, redaktion@marcopolo.de

Impressum

Titelbild: Matterhorn (Huber: Giovanni)
Fotos: A. Diem (7); W. Dieterich (U M., 18, 22, 25, 50, 57, 58, 77, 78, 86, 89, 91, 100); R. Freyer (1, 2 o., 5 l., 5 r., 9, 24, 26, 27, 28, 31, 33, 35, 36, 39, 40, 43, 44, 46, 51, 54, 63, 64, 70, 75, 80, 85, 88, 96); R. Gerth (69, 71); R. M. Gill (4, 11, 20, 38, 49, 92); Huber: Giovanni (115); laif: Kirchner (2 U., 6); Mauritius: Vidler (13); Rhätische Bahn (12); T. Stankiewicz (U l., U r., 15, 56, 60, 94, 99); W. Storto (16)

10., aktualisierte Auflage 2005 © MAIRDUMONT, Ostfildern
Herausgeber: Ferdinand Ranft, Chefredakteurin: Marion Zorn
Redaktion: Jochen Schürmann, Bildredakteurin: Gabriele Forst
Kartografie Reiseatlas: © MAIRDUMONT/Falk Verlag, Ostfildern
Gestaltung: red.sign, Stuttgart
Sprachführer: in Zusammenarbeit mit Ernst Klett Sprachen GmbH, Stuttgart, Redaktion PONS Wörterbücher

Printed in Germany. Gedruckt auf 100% chlorfrei gebleichtem Papier

Bloß nicht!

Was Sie bei Ihrem Besuch in der Schweiz besser vermeiden und worauf Sie achten sollten

Eine Parisienne mit einer Frau verwechseln

Eine *Parisienne* ist keine Pariserin, sondern eine typisch Schweizerische Zigarettenmarke. In früheren Jahrzehnten war diese Marke bei Arbeitern sehr beliebt, heute gehört es in intellektuellen Kreisen zum guten Ton, eine *Parisienne* zu rauchen.

Züri Metzgete für eine Schlachtplatte halten

Eine Schlachtplatte heißt auf Schweizerdeutsch zwar *Metzgete*, Doch die *Züri Metzgete* hat mit Blutwürsten, Schweinshaxen, Speck und Innereien nichts zu tun. Die *Züri Metzgete* ist nämlich das einzige Weltcup-Radrennen der Schweiz, das jeden Sommer in der Umgebung von Zürich stattfindet.

Statt Franken Fränkli sagen

Es stimmt ja: Die Schweizer und Schweizerinnen lieben Verkleinerungsformen. Eine Kasse wird schnell mal zum »Kässeli«. Oder eine Sitzbank zu einem »Bänkli«. Aber ein Einfrankenstück wird nie zu einem »Fränkli«; wenn schon dann zu einem »Eifränkler«, »Schtutz« oder »Schtei«.

Verkehrsschilder missachten

Die Schweizer Polizei ahndet jeden Verstoß gegen die Verkehrsordnung. Besonders Geschwindigkeitsbegrenzungen sollten Sie überall und jederzeit strikt einhalten – selbst wenn Schweizer mit ihren Verkehrsmitteln deutlich zu schnell an Ihnen vorbeiziehen.

Schneeketten vergessen

Wenn Sie im Winter in die Schweiz reisen, sollten Sie unbedingt Schneeketten im Kofferraum haben. Wenn Sie indessen ohne fahren, gehen Sie das Risiko ein, dass es nach starkem Schneefall selbst in den Tälern unmöglich für Sie wird, weiterzufahren.

Wild zelten

Wer sein Zelt in der freien Landschaft aufstellt, muss mit einer Strafe rechnen. Auch Wohnmobile dürfen nicht einfach am Straßenrand abgestellt werden. Auf eigens ausgewiesenen Parkplätzen ist eine Übernachtung lediglich auf dem Weg zum Campingplatz erlaubt.

Schweizer als humorlos bezeichnen

Sicher gibt es Schweizer und Schweizerinnen, die humorlos sind. Aber alle in den humorlosen Topf zu werfen, ist zu einfach. Denken Sie nur an Emil oder den Clown Grock – beide Schweizer. Der hier gepflegte Witz ist vielleicht skurril und nicht immer offensichtlich – es gibt aber eine lange komödiantische Tradition in der Schweiz.